高校学生管理的法治化建设研究

石月皎 著

北京工业大学出版社

图书在版编目（CIP）数据

高校学生管理的法治化建设研究 / 石月皎著 . —
北京：北京工业大学出版社，2021.5（2022.10 重印）
ISBN 978-7-5639-8009-3

Ⅰ．①高… Ⅱ．①石… Ⅲ．①高等学校－学生－学校
管理－研究－中国 Ⅳ．① G645.5

中国版本图书馆 CIP 数据核字（2021）第 111792 号

高校学生管理的法治化建设研究

GAOXIAO XUESHENG GUANLI DE FAZHIHUA JIANSHE YANJIU

著　　者：石月皎
责任编辑：张　娇
封面设计：知更壹点
出版发行：北京工业大学出版社
　　　　　　（北京市朝阳区平乐园 100 号　邮编：100124）
　　　　　　010-67391722（传真）　bgdcbs@sina.com
经销单位：全国各地新华书店
承印单位：三河市元兴印务有限公司
开　　本：710 毫米 ×1000 毫米　1/16
印　　张：10.25
字　　数：205 千字
版　　次：2021 年 5 月第 1 版
印　　次：2022 年 10 月第 2 次印刷
标准书号：ISBN 978-7-5639-8009-3
定　　价：58.00 元

作者简介

石月皎，女，1978年4月出生，副教授，硕士学位，广西壮族自治区南宁市人，现为广西机电职业技术学院教师。研究方向：思想政治教育专业。主持和参与各级各类科研项目40项，其中省部级3项，市厅级23项，院级14项；发表论文30余篇；出版教材著作5部。

前　言

近年来，我国的高等教育事业实现了跨越式发展，培养了大量社会主义现代化建设事业所需要的专业人才。但是，由于高校连年扩招、学生数量增长迅速等原因，高校学生管理也面临着不少新的状况，亟须高校学生管理者总结经验、探索更为恰当的学生管理模式。与此同时，新时期大学生的维权意识逐渐增强，高校学生管理遇到了诸多挑战，亟待进行一场适应法治化建设的变革。推进高校学生管理法治化建设，是高等教育科学发展的必由之路，对于推动全面依法治国方略的实施、保障学生自由而全面的发展都发挥着巨大作用。

本书共五章。第一章为高校学生管理概述，主要阐述了高校学生管理的概念、基本特征与重要价值及中外高校学生管理模式等内容；第二章为依法治校在高校学生管理中的应用，包括依法治校的内涵、理论基础与基本原则，以及依法治校在高校学生管理中的应用意义等内容；第三章为高校学生管理法治化的内涵和意义，主要内容有高校学生管理法治化的概念及主要内容、高校学生管理法治化的必要性及面临的挑战等内容；第四章为高校学生管理法治化的现状，主要阐述了高校学生管理法治化的国内外研究现状、我国高校学生管理法治化的发展历程与成就以及存在的问题与成因等内容；第五章为高校学生管理法治化建设的实施路径，主要阐述了加强高校学生管理法律制度建设、健全高校学生管理机制、优化高校学生管理法治环境及完善高校学生权利救济途径等内容。

为了确保研究内容的丰富性和多样性，笔者在写作过程中参考了大量理论与研究文献，在此向涉及的专家、学者表示衷心的感谢。

由于笔者水平有限，书中难免存在一些不足之处，恳请同行专家和读者朋友批评指正！

目 录

第一章　高校学生管理概述

高校学生管理工作包括理想信念教育、心理素质教育、学风建设、党团组织建设、日常行为管理、社会实践管理、奖惩管理、贫困生助学金管理和招生与毕业生就业工作等许多内容。高校学生管理工作是高校管理工作的重要组成部分，它以人才培养为中心，通过教育、引导、管理、服务等环节，为全面推进素质教育提供强有力的精神动力和思想保证，为学生健康成长和全面发展提供良好的氛围和优质服务，在人才培养过程中具有不可替代的重要作用。

进入 21 世纪，高等教育的环境和教育对象都发生了深刻的变化，高校的学生管理工作面临着重要的任务。一方面需要继承传统，另一方面需要不断地创新。为了使高校的学生管理工作适应社会现代化建设的需要，培养符合时代发展要求的建设者和接班人，有必要对高校学生管理工作进行简要的梳理并进行一定的总结。

第一节　高校学生管理的概念界定

一、高校学生管理的内涵

（一）管理

在人类历史上很早就已经出现了"管理"这一概念。作为一种社会现象，凡是有许多人一起共同劳动、学习、生活的地方就需要管理，这是因为管理是社会组织为了实现预期的目标，以人为中心进行的协调活动。这就使得管理活动成为人类活动的一个重要方面，并且普遍存在于由人组成的各种组织中。真正现代意义上的管理概念则是由法国现代管理理论的创始人亨利·法约尔（Henri Fayol）于 1916 年提出的，他认为，管理是由计划、组织、指挥、协调以及控制等职能为要素组成的活动过程。这个概念阐明了管理的本质，奠定了管理学科学定义的基础。

现在各种关于"管理"概念的阐述异常丰富，不同的学者对管理的概念有着不同的理解。有学者认为，管理就是为处于团体中的人们建立一个有效的目标，从而实现效率的最大化，从而达成最终的目标；有学者认为，管理就是对组织中各分系统进行协调，使其与所处的环境相适应的一种活动；还有学者认为，管理的过程实际上就是决策的过程。对于"管理"这一概念，马克思也曾做过深刻的论述，他说，一切规模较大的直接社会劳动或共同劳动，都或多或少地需要指挥，以协调个人的活动并执行生产总体的运动——不同于这一总体的独立器官的运动——所产生的各种一般职能，一个单独的提琴手是自己指挥自己，一个乐队就需要一个乐队指挥。马克思的这段话包含着四个方面的意思：第一，管理是集体合作劳动的共同需要；第二，管理是执行生产的总体运动所产生的各种职能；第三，管理的主要职能是指挥和协调他人的活动以取得成效；第四，管理的目的是取得比各个部分运动之和更大的效益。

（二）学生管理

现在很多的论文和文献都在使用"学生管理"这一概念，但是关于学生管理的定义目前还没有一个权威的说明和描述。国内几部专门性的高等教育管理著作中也没有对学生管理进行系统描述。关于学生管理大量的学术文献和期刊资料中，有学者认为学生管理是对学生采取的有针对、有计划和目的、有组织的一系列教育管理活动，管理内容包括学生的生活、学习、思想、品德、素养等各个方面。

一般认为，学生管理是教学管理的早期延伸，它主要包括学生的学籍管理、报到入学与学生身份注册、成绩考核与记录的办法、学籍异动、学生考勤与在校纪律管理、在校期间的奖励与处分、毕业生相关材料发放等各项工作。学生管理有广义和狭义之分。从广义角度看学生管理，就是我们平时说的学生工作，主要内容有学生的思想政治教育、日常行为管理、学生成长管理、学生工作管理等。从狭义的角度看学生管理，更注重的是学生事务的管理，主要是学生日常事务的管理，比如班级建设与管理、新生入学管理、安全指导与管理、学生的职业规划管理等。在 20 世纪 80 年代后期，我国的高等院校大多都专门设置了负责学生管理的具体部门，所以之前提到的学生管理中的招生、学生在校的考勤和思想教育、学生奖惩工作、毕业生就业工作和原来属于后勤部门管理的与学生生活息息相关的宿舍管理等事务，都陆续归并到学生管理部门（或称为学生处）的工作与职责范围内。20世纪90年代初，国家教育委员会制定的《普通高等学校学生管理规定》指出，本规定所称学生管理，是指对学生入学到毕业在校阶段的管理，是对高等学校学生学习、生活、行为的规范。

学生管理要求学校能够进一步规范管理行为，加强全面教育管理，不断创新管理手段和方法，提高管理质量和水平，进而更好地促进学生的健康成才。

（三）高校学生管理

1. 高校学生管理的内涵

高校学生管理是高等学校管理工作中不可或缺的组成部分，是指在特定的思想理论指导下，高校经过长期实践并逐步形成的开展各项学生工作的操作方法和思维模式。有学者将"高校学生管理"基本含义界定为，通过学术以外的课外活动或者其他非学术事务管理活动，对学生进行引导性教育教学，丰富校园生活的一种组织活动形式。有学者、专家认为，高校学生管理工作是指高校对于学生在校期间的校内外活动和学习进行规范协调、规划、组织和管理的总称，它是由高校学生管理工作者组织指导学生，按照各个院校所制定的标准，进行有计划、有组织、有目的的学生思想教育、日常生活管理以及师生服务等工作，最终使学生达到能够在德、智、体、美等全方面发展，成为中国特色社会主义现代化事业的建设者和接班人。

学生管理工作不是一项单一的工作，它是一项全面的系统工程。简单地说，它是以学生的思想政治教育为主导，以学生学习培养为核心，以学生学风班风建设为重点，以党建工作为主线带动各项工作发展的系统工程。具体来说，目前的高校学生管理包括思想政治教育管理、学籍管理、奖惩管理、贫困生管理、勤工助学管理、助学贷款管理、就业指导、心理咨询等。高校对学生的各项管理都需要按照国家既定的方针与政策执行，同时，还必须符合教育和发展的客观规律，将学生的成长与发展作为学生管理工作的核心，一切工作都要为学生的全面发展服务，为国家培养高素质的人才。

随着高等教育的发展与改革，高校学生管理的内涵越来越丰富，因此在这一领域的研究上，需要关注的内容也十分广泛，既包括作为管理对象的高校学生的生理与心理特征、知识与能力结构以及社会因素对其成长的影响等；也包括对管理者的思想、知识、能力等方面的素质的培养以及高校学生管理队伍的建设；还包括对高校学生管理的原则、机制等科学理论的研究以及对具体的高校学生管理活动中的具体方法等的研究。

2.高校学生管理的本质

高校学生管理是高等学校管理的一个重要组成部分，也是高等学校人才培养工作的一个重要环节。因此，高校学生管理既具有管理的一般本质，又有其自身的特殊本质。这主要表现在：

第一，高校学生管理是在高等学校这一特定的社会组织中进行的。任何管理活动总是在一定的社会组织中进行的。实际上，管理活动就是根源于社会组织中协调组织成员的相互关系和个人活动的必要性。高等学校是系统培养专门人才的社会组织，大学生的教育和培养是其首要的和基本的任务。高校学生管理也就是高等学校为实现这一任务而进行的特殊的管理活动。

第二，高校学生管理的目的是实现高等学校的人才培养目标，促进大学生的全面发展。管理总是有一定目的的，管理的目的就是要实现一定社会组织的某种预定目标。世界上既不存在无目标的管理，也不可能实现无管理的目标。高校学生管理作为高等学校人才培养工作的一个重要环节，其目的就是要实现高等学校在人才培养方面的预定目标，促进大学生的全面发展，使之成为德智体全面发展、富有创新精神和实践能力的中国特色社会主义事业的建设者和接班人。

第三，高校学生管理的实质是要有效地利用学校的各种资源，为大学生的成长成才提供指导和服务。高校学生管理的任务是要为大学生顺利完成学业、健康成长成才提供各个方面的指导和服务，包括对大学生行为和大学生群体的引导、为家庭经济困难学生提供的资助服务、为毕业生提供的就业服务等。为此，就需要通过科学的决策、计划、组织和控制，有效地利用学校的各种资源，包括人力、物力、财力、时间和信息等。

综上所述，所谓高校学生管理，也就是指高等学校为实现人才培养目标，促进大学生全面发展，通过决策、计划、组织和控制，有效地利用各种资源，为大学生成长成才提供各种指导和服务的社会活动过程。

二、高校学生管理的相关理论

（一）激励理论

在相当长的一段时期内，管理学领域都以激励为核心。在管理的研究上，也主要通过对人的行为做出假设，从而提出相应的激励机制，不同的管理学派的差异也源自于此。对于"激励"一词，在经济学和管理学上的理解也是不同的。管理学对激励的理解偏重于人的内在动机，而经济学对激励的理解则偏重于外部手段。长期以来，经济学的激励理论和管理学的激励理论都是有着明确的区分的，而没有实现二者的结合。到了 20 世纪 30 年代，在管理学中，行为科学取得了快速的发展，不少在现代具有一定影响力的激励理论都是以行为科学为理论基础的。例如，过程激励理论研究的就是人从产生动机到采取行动的心理过程。根据激励理论的观点，激励能够对人的社会交往与人际关系产生一定的促进作用，能够起到健全人格的作用。过程激励理论同样发展出了不同的类型，期望理论就是其中较有影响力的一种，这一理论是由美国心理学家维克托·弗鲁姆（Victor H.Vroom）提出的。该理论认为，人类行为倾向的强度取决于其对这一行为可能带来的结果的期望以及所能取得的结果的吸引，这一理论可用公式表示为"激励力量＝期望值×效价"，这一理论表明，要实现有效的激励，就必须在期望值和效价上都足够大。当效价不足时，即便目标的实现有较大的可能性也不能实现对人的激励。同样地，即便效价足够，若目标实现的可能性不足，同样难以实现对人的激励。

对于高校学生管理工作来说，其最主要的目标就是育人。因此，对于不同的职能部门来说，也应该建立起相应的激励制度，激励高校学生管理工作者更加积极、有效地参与到学生管理工作中来。

（二）人本管理理论

人本管理，是对以人为本的管理的简称。人本管理理论往往把人作为考虑一切问题的根本，因此也可以称为以人为根本的管理。早在 20 世纪 30 年代，很多西方的企业就把人力资源作为其重要的管理资源，通过发挥人力资源的优势可以更好地完成企业的管理工作，通过对员工能力的合理分配和安置，以求达到最佳的工作质量和效果。企业的管理和员工价值的发挥密切相连，根据马斯洛（Abraham H.Maslow）的相关需求理论，企业文化、企业管理以及企业人力资源管理之间可以通过一定的方法进行衔接和应对，三者间的衔接可以很好地调动员工的工作积极性，发挥最大的作用，促使员工实现最优的企业目标价值。我国著名的管理学家陈怡安教授曾经把人本管理归纳为三句话：点亮人性的光辉；回归生命的价值；共创繁荣和幸福。

人本管理对于高校学生管理而言，主要是要求高校学生管理做到区别于传统以物为中心的物本管理，要求高校开展学生管理工作时既要依靠原则规定、制度约束、规范管理等硬性手段，也要通过培养、调动和锻炼学生的情感、意志、思想等方法来加以完善，这就从人本的角度对目前高校学生管理工作提出了新的要求。同样，在高校开展学生管理信息化过程中，更要注重以人为本的管理理念，学校各级管理者首先应该树立以人为本和管理育人的理念，积极创造民主、自由、平等、有效的育人环境，制定和实施正确的管理政策、措施。在开展学生管理信息化过程中要把学生当作学校管理之本，强调以学生为中心，特别要重视学生作为青年人的特征，充分尊重他们的爱好和兴趣，最大限度地满足他们的种种合理需要，从根本上保证学生的基本权益和利益，充分鼓励学生发展自我特性，切实服务学生。

高等院校是教书育人的主阵地，是学生学习的关键性阶段，对于学生的思想观念和人生规划等具有重要影响。只有坚持以学生为本的管理理念，才可以协调好各方面的关系，更好地促进学生的全面协调发展。在高校学生管理过程中，要坚持学生的主体地位，在充分尊重学生的基础上更好地服务学生，让学生在强烈的信任感和好奇心的基础上更好地进行学习和发展。要能够了解学生的想法、掌握学生的个性、通晓学生的情感、尊重学生的想法，不断发现学生身上的潜力与闪光点，按照学生个性因材施教，培养出具有创新精神的新时代大学生；同时学生管理工作的开展还要能够充分发挥学生的主观能动性，努力促进学生实现自我管理和自主学习，最大限度地发挥学生的自我管理积极性。

（三）目标管理理论

目标管理的概念，最早是由美国管理学家彼得·德鲁克（Peter F.Drucker）于1954年在其著作《管理的实践》（*The practice of management*）中提出的。在当时，由于经济和科技的快速发展，企业的组织规模不断扩大，分工也越来越细，分工的细化使得工作的专业性越来越强。但是，在这一发展过程中，整体的一致性与配合的协调性等问题则遭到了忽略。因此，面对着外部环境的变化，如果企业管理者仍然采用传统的、以压迫为主的管理方式，必然会引发管理者与被管理者之间的对立，造成整个企业管理的失控。德鲁克正是针对企业管理中的这一问题，提出了目标管理理论。德鲁克所提出的目标管理，就是以理性进行管理的同时兼顾人性的管理。他认为管理者应为被管理者设定一定的发展目标，从而激发其工作的主动性与积极性。同时，在这一目标的基础上，还应根据时间的发展，制定一定的分目标，通过目标的组织、管理与控制，实现对企业的管理，也就是在管理上以目标的实现为导向。

时代的发展、高等教育的改革，都给高校学生管理带来了新的情况与问题，如教学内容的变化、教学手段与工具的变化、学生个体发展的变化、就业制度与形势的变化等。因此，面对新的问题与挑战，高校在学生管理上也应借鉴企业管理的相关理论与经验，在高校学生管理中引入目标管理，在管理中充分重视人的作用，在由学校管理者制定总体目标的基础上，吸引学生参与项目目标的制定。结合学生制定的项目目标，将学校的总体目标体系进行有效分解，转化为各部门的具体目标，推动高校学生管理的目标化发展。

目标管理中注重学生的自我管理，这种管理更注重学生的参与度和民主性，因此目标管理理论也是一种民主性的管理理论。如果将目标管理理论应用在当前高校的学生管理工作中，可以更好地贯彻落实以人为本的科学发展观，将学生作为教学管理和教育管理的核心和主体。

三、高校学生管理的目标

高校学生管理目标是一定时期内实施高校学生管理活动所要达到的预期结果。高校学生管理目标是高校学生管理过程的指向、核心和归宿，规定着高校学生管理的方向和任务，制约着高校学生管理的手段和方法。科学地确定并正确地把握高校学生管理的目标，是实施高校学生管理的前提，是提高高校学生管理效益的关键。

（一）确定高校学生管理目标的依据

高校学生管理目标作为高校学生管理活动所要达到的预期结果，其形式是主观的，但它的确定并不是主观随意的，而是围绕高等学校的人才培养目标，依据社会发展的客观要求和大学生自身发展的客观需要而制定的。

1. 高等学校的人才培养目标，是确定高校学生管理目标的直接依据

高等学校的人才培养工作是一个十分复杂的系统工程，高校学生管理作为这一系统的重要组成部分，其目的就是要通过为大学生提供各种指导和服务，保证学校人才培养目标的实现。因此，高校学生管理目标的确定也就必然要以高等学校的人才培养目标为依据。实际上，高校学生管理目标也就是高等学校人才培养目标在高校学生管理领域中的体现和具体化。

2. 社会发展的客观要求，是确定高校学生管理目标的根本依据

这是因为，高等学校的人才培养目标，归根到底是由社会发展的客观要求决定的。同时，大学生发展的基本趋势和总体状况归根到底取决于社会发展的状况及其对人才素质的客观要求。而高校学生管理的实质就是要引导和帮助大学生充分利用社会所提供的各种条件发展和完善自己，以适应社会发展的客观要求。我国正处于并将长期处于社会主义初级阶段。建设社会主义现代化国家，

实现中华民族的伟大复兴，需要德智体美全面发展的专门人才。我国社会主义事业发展的这种客观要求，是我们制定高校学生管理目标的根本依据。

3. 大学生自身发展的需要，是确定高校学生管理目标的重要依据

高校学生管理目标的确定，在适应社会发展需要的同时，还应当兼顾大学生自身发展的需要。首先，大学生是正处于发展之中的、具有鲜明个性的人。他们都有自己的思想感情、兴趣爱好和理想追求，都有丰富和发展自己的迫切需要。因此，高校学生管理的目标也就必然要体现大学生自身发展的需要。其次，大学生既是管理的对象，又是能动的主体。高校学生管理目标能否实现，关键就看它能否激发大学生自我管理的主动性和积极性。为此，高校学生管理目标，就必须体现大学生自身发展的需要。只有这样，外在的管理目标才能转化为大学生自身的内在追求，从而激励大学生自觉地开展自我管理，不断地奋发努力。

（二）高校学生管理的目标体系

高校学生管理目标按其地位和作用范围划分，可分为总目标和分目标。高校学生管理的总目标，是高校学生管理的全部活动所要达到的预期结果。高校学生管理的分目标，则是各个领域、各个层次以及各个阶段的高校学生管理活动分别所要达到的预期结果。总目标是分目标的基本依据，分目标是总目标的分解和具体化；总目标调节和控制着分目标的执行，总目标的实现又有待于各个分目标的实现。高校学生管理的总目标和分目标相互联系、相互作用，构成了高校学生管理的目标体系。

规范普通高等学校学生管理行为，维护普通高等学校正常的教育教学秩序和生活秩序，保障学生合法权益，促进学生德、智、体、美等方面全面发展是现阶段我国普通高等学校学生管理的总目标。

维护高等学校正常的教育教学秩序和生活秩序，是高校学生管理的直接目标。任何管理活动的直接目标或第一个目标都是建立和维护组织的正常秩序。事实上，管理活动的产生首先就是为了规范和协调人的行为，以使组织的各项活动能够围绕组织的目标，按照一定的制度和规定有条不紊地进行。

保障学生的身心健康，是高校学生管理的基本要求。身心健康包括生理健康和心理健康，是生理健康和心理健康的有机统一。

生理健康是心理健康的物质基础，心理健康是生理健康的精神支柱。身心健康是人的全面发展的基础和内在要求。一个人，如果没有强健的体魄、振奋的精神和坚强的意志，就谈不上全面发展，也不可能成为适应社会需要的全面

发展的高素质人才。保障大学生的身心健康是培养社会合格人才的内在要求，是大学生自身成长成才的迫切需要。当代中国大学生是一个承载社会、家庭高期望值的特殊群体。他们自我定位比较高，成才欲望非常强，但普遍社会阅历比较浅，心理发展尚未成熟，易出现情绪波动。

随着经济社会的发展，特别是涉及大学生切身利益的各项改革措施的实行，大学生面临的社会环境、家庭环境和学校环境日益纷繁复杂，面临的学习、就业、经济和情感等方面的压力越来越大，不可避免地会影响他们的心理乃至生理健康。因此，加强高校学生管理，为大学生的学习、就业和日常生活提供必要的指导和服务，保障大学生的身心健康，也就具有非常重要的意义。

促进学生德、智、体、美等方面全面发展，是高校学生管理的根本目标。培养全面发展的人，历来是具有远见卓识的教育家们追求的理想目标。马克思、恩格斯科学地揭示了人的全面发展的内涵和历史必然性，创立了关于人的全面发展的理论。习近平总书记在党的十九大报告中指出，要全面贯彻党的教育方针，落实立德树人根本任务，发展素质教育，推进教育公平，培养德智体美全面发展的社会主义建设者和接班人。培养德智体美全面发展的社会主义建设者和接班人，是高等学校人才培养的目标。高校学生管理作为高等学校人才培养体系的重要组成部分，当然要为实现这一目标服务，以促进学生德智体美全面发展为根本目标。

四、高校学生管理的主要方法

高校学生管理方法，是指在管理活动中为实现管理目标、保证管理活动顺利进行所采取的工作方式。管理方法是管理过程中不可或缺的运作工具，它来自管理实践，而又与管理理论的形成有着密切的关系。从某种意义上说，现代管理理论中一个又一个学派的出现，无不标志着管理方法的一次又一次创新。

科学实施高校学生管理，不仅要系统把握高校学生管理的基本理念，还要掌握行之有效的管理方法。高校学生管理方法是复杂多样的，各种方法都有其特殊的作用和特点。全面掌握和正确运用高校学生管理的方法，是提高高校学生管理效率的关键。

（一）目标管理的方法

目标管理是由管理学大师彼得·德鲁克提出的。德鲁克认为，为了充分发挥不同组织成员在计划执行中的作用，协调他们的努力，必须把组织任务转化成总目标，并根据目标活动及组织结构的特点分解为各个部门和层次的分目标，组织内的各级管理人员根据分目标的要求对下级的工作进行指导和控制。目标管理要求组织内的每一个人、每一个部门全力配合实现组织的目标，对于分内的工作自行设定目标，决定方针，编订制度，以最有效能的方法达成目标，并经由检查、绩效考核、评估目标达成状况及尚需改善之处，作为后续目标设定的参考依据。

1. 目标管理的程序

第一，设定目标。设定目标包括确定学校的总目标和各部门的分目标。总目标是学校在未来从事活动要达到的状况和水平，其实现有赖于全体成员的共同努力。为了协调大学生在不同时间地点的努力，各个部门的各个成员都要建立和学校目标相结合的分目标。这样就形成了一个以学校目标为中心的一贯到底的目标体系。在设定每个部门和每个成员的目标时，高校学生管理部门和学生管理工作者要向学生提出自己的方针和目标，学生也要根据学生管理部门和学生管理工作者的方针和目标制订自己的目标方案，并在此基础上进行协调，最后由学生管理部门和学生管理工作者综合考虑后做出决定。具体来说，设定目标就是要做到每个院系、每个班级在不同的阶段都要设定不同的目标，如学习目标、实践能力目标、纪律目标、卫生目标以及道德修养和人生理想目标，并以此作为努力的方向。同时，还要注意目标的设定一定要明确清晰、能够量化。要求要适度，既要具有挑战性，又是通过努力可以达成的。最后，还要为目标的实现确定一定的时限，即目标实现要有一定的时间限定，不能无休止。

第二，执行目标。各层次、各院系的大学生为了达成分目标，必须从事一定的活动，同时在活动中必须利用一定的资源。为了保证他们有条件组织目标活动，就必须赋予他们相应的权力，使之能够调动和利用必要的资源。有了目标，大学生便会明确努力的方向，而有了权力，就会产生强烈的与权力使用相应的责任心，从而充分发挥自己的判断能力和创造能力，使目标执行活动有效地进行。

第三，评价结果。成果评价既是实行奖惩的依据，也是上下左右沟通的机会，同时还是自我控制和自我激励的手段。成果评价包括学生管理机构和学生管理工作者对学生的评价、学生对学生管理部门机构和学生管理工作者的评价、同级关系部门相互之间的评价以及各层次自我的评价。这种上下级之间的相互评价有利于信息和意见的沟通，也有益于组织活动的控制。而横向的关系部门相互之间的评价，也有利于保证不同环节的活动协调进行。而各层次中学生的自我评价，则有利于促进他们的自我激励、自我控制以及自我完善。

第四，实行奖惩。学生管理部门和学生管理工作者对不同成员的奖惩，是以上述各种评价的综合结果为依据的。奖惩可以是物质的，也可以是精神的。公平合理的奖惩有利于维持和调动大学生们饱满的工作热情和积极性，奖惩有失公正，则会影响大学生行为的改善。

第五，确定新目标。开始新的目标的管理循环。成果评价与成员行为奖赏，既是对某一阶段组织活动效果以及成员贡献的总结，同时也为下一阶段的工作提供了参考和借鉴。在此基础上，为各组织及各层次、部门的活动制定新的目标并组织实施，便展开了目标管理的新一轮循环。

2. 实施目标管理应遵循的原则

（1）授权原则。即在大学生实施目标的过程中，学生工作管理者要能够给予学生适度授权。

（2）协助原则。即学生工作管理者要给学生提供有关资讯及协助，并且要帮助他们排除实际执行中的一些困难，解决一些问题。

（3）训练原则。作为高校学生工作管理者，一方面要进行自我训练，以不断提高自己目标管理的水平，另一方面还要训练学生，帮助他们掌握相关的方法。

（4）控制原则。目标的实现是有期限的，为了确保目标的顺利实现，学生管理部门和学生工作管理者在每一阶段中都要对学生的活动加以监督、检查，对出现的问题及时进行协助矫正。

（5）成果评价原则。成果评价原则由一系列原则构成，这些原则包括公开、公平、公正和成果共享原则。坚持公开原则就是要求公开评估，如学生进行自我评估，学生管理工作者进行客观评估；坚持公正和公平原则就是本着对事不对人的原则对目标达成情况进行客观比较；坚持成果共享原则要求充分肯定学生的成绩，将成绩归于学生。

（二）刚性管理的方法

所谓刚性管理，是指以规章制度为核心，凭借制度约束、纪律监督、奖惩规则等手段对组织成员进行管理。刚性管理是一种强调严格的控制，采取纵向高度集权的，以规章制度为核心的管理。规章制度往往以规定、条文、标准、纪律、指标等形式出现，强调外在的监督与控制，具有很强的导向性、控制性，其约束力是明确的。俗话说：没有规矩，不成方圆。任何一个组织机构，它的正常运行和发挥效益都离不开严格的制度和规范。刚性管理是保证一个组织健康、正常运转所必需的管理机制的一个有机组成部分，它是以"合于法"为基本思路的管理方式和手段。

大学生正处于人生的关键时期，极易受外界环境的影响，惰性的增长较为容易，判断能力、自我控制能力也比较差。在自身发展过程中，表现出强烈的自我矛盾倾向。如自我意识虽强，但缺乏自我监督、约束和调控的能力。有自我设计、自我奋斗、自我选择、自我发展的欲望，但是又受到自身素质、能力和社会环境的限制。在如此情形下，刚性管理不仅是必要的，而且是行之有效的。刚性管理的出发点并不是为了惩罚学生，而是在法理的前提下，正确规范学生、约束学生的行为，进而维护学校秩序，提高教育教学质量，提升学生的学习和活动效率，促进学生成长。

刚性管理强调以外在的规范为主，它主要通过各项政策、法令、规章、制度形成有序的行为。学生的一切行为都有章可循、有据可依，是非功过的评说都有统一的标准、统一的尺度。这些有形的东西不仅具有很强的可操作性，使学生有明确的行动方向，而且给学生以安全感和依托感，使学生放心地、充满希望地在制度框架内自由行动。实施刚性管理，应着力抓好以下几个环节。

1. 依法治校、依法管理，构建宏观管理体系

以管理主体结构为基础，构建新的学生宏观管理体系，以法治建设为准则，保证宏观管理的有序高效运行。随着教育活动层次和范围的不断拓展，教育行为的社会背景也发生了许多变化，学生不再被简单地当作学校管理的相对人，而是高校内部关系的权利主体，不仅仅承担义务，而且享有权利。2005年3月教育部颁布并于9月施行的《普通高等学校学生管理规定》，明确提出了学生所享有的六项权利和应该履行的六项义务，为学生管理的内容和范围提供了依据。

2. 制定校纪校规，严格管理

高校为了维护教学秩序和教育环境，必须对违反校规和屡犯错误的学生（如考试作弊、旷课、斗殴等）给予处分。当然，在管理制度上对违纪的处分标准要依法和清晰，不能恣意专断地滥用学生管理权。在做出涉及学生权益的管理行为时，必须遵守权限、时限，履行告知、送达等程序义务，做到程序正当、证据充分、依据明确、处分恰当。

3. 建立日常工作制度

学生管理的日常工作，有相当一部分是可预见的、有规律可循的。建立规范化的日常工作制度，既可以为学生工作在执行、管理方面提供制度上的保障，也便于监督，同时还能够提高工作效率，降低工作成本，减少违纪现象。

（三）柔性管理的方法

柔性管理是相对于刚性管理提出来的。进入 21 世纪，人类对管理的要求已经不单单停留在严格、规范、科学的层面，而是更强调人与人的相互关怀和人格尊重，旨在不断追求人与人之间的情感互动和心灵共鸣，从而共同实现组织目标。促进人的全面发展的管理活动越来越为人们所接受并运用。于是，柔性管理便应运而生。

高校学生管理亦是如此，它面对的是有思想、有感情、有追求的大学生，单纯的刚性管理已不能完全解决高校学生管理中面临的许多问题，必须辅之以柔性管理。柔性管理坚持以人为中心，注重人文关怀和心理沟通，强调通过营造和谐的组织文化和共同的价值观，以增强组织的向心力和凝聚力，激发每个成员的积极性、主动性和创造性。柔性管理是刚性管理的完善和升华，以刚性管理为基础和前提，旨在使组织焕发生机和活力。如果说刚性管理更多地表现为静态的外显行为，那么柔性管理则更多地表现为动态的内隐心理认同。但对于高校学生管理而言，不管是刚性管理，还是柔性管理，其落脚点都是促进大学生的成长发展。因而这两种方法在高校学生管理中如同车之两轮、鸟之两翼，是相辅相成的，应该做到共融、共生、共建，实现刚柔相济。

对高校学生管理工作者来说，柔性管理的精髓在于以学生为本，注重人文关怀，它强调在尊重大学生人格和尊严的基础上，充分发挥大学生的积极性、主动性和创新精神，使之在大学的学习、生活、能力培养、品格塑造、校园活动以及社会实践方面变被动为主动，变消极为积极，变他律为自律，促进大学生自我管理、自我约束、自我完善，使之成长为适应社会需求的高素质、强能力、富有良好潜质和优秀品格的优秀人才。

实施柔性管理，应该遵循以下几点基本要求。

1. 确立"以学生为本"的管理理念

学生管理工作者在对大学生的管理中，必须确立以学生为本的管理理念，将一切为了学生，为了学生的一切，为了一切的学生作为工作的出发点，整个学生工作围绕学生的全面发展来展开。为此，必须改革以管理者和管理制度为中心的传统管理，实现工作方式方法由管理型向引导服务型的转变，由说教型向示范型的转变，真正体现以学生为本的工作态度，把保障和维护学生的利益放在所有工作的首位，以促进大学生全面协调发展为目标，把管理与大学生的幸福、自由、尊严、价值目标联系在一起，切实做到在情感上感动学生，在人格上尊重学生，在学习上激励学生，在生活上关心学生，在成才上引导学生。

尽一切力量在学生的学习、生活、实践等方面予以帮助和指导,最大限度地满足每一个学生成长成才的需要。

2. 进行个性化管理

柔性管理的职能之一就是协调,而协调关系只能从个体开始。也就是说学生管理工作者必须与具体的学生打交道,在打交道中形成共识,建立联系。心理学家在对魅力的研究中发现,人们对于与自己相似的个体容易保持好感,这是相似性吸引使然。因此,学生管理工作者应该由个体入手进行工作,实施个性化管理,凡事因人、因事、因时、因地而异,充分考虑学生的个性特点、兴趣爱好、个人定位、个人素质和能力、优势劣势以及未来的职业目标等因素,既考虑学生思想动态、心理变化以及需求的共性,又要兼顾学生不同性格特点、兴趣爱好、未来职业选择和职业目标的差异性,有针对性(必要时可以一对一)地进行个性化管理。

3. 发挥校园文化的引领作用

校园文化如同一只无形的手,是一所高校的灵魂之所在,它在塑造高校个性、凝聚广大师生员工的精神和灵魂方面发挥着巨大作用。健康向上、充满活力且体现时代精神的校园文化对学生价值观的形成、行为的规范、素养的提升具有潜移默化的影响,因此,在柔性管理中,应该发挥校园文化的引领作用,有针对性地将校园文化融于院风、班风、学风的建设之中,甚至融于一切活动中,以此培养大学生健康向上、积极进取的精神和良好的行为,使之不仅学会做事(掌握知识、发展能力),而且学会做人(养成良好习惯,形成健康人格、优良品德),促进大学生的自我完善和不断成长。

4. 建立健全激励机制

没有激励就没有动力,从某种意义上说,对大学生的管理就是围绕着激励展开的,激励是大学生自主性、主动性、积极性、创造性和潜力得以持续发挥的动力源泉。从管理学角度看,人的所有行为皆由动机支配,动机又由需要来引发,无论何种行为,其方向都会指向目标,并进而满足需要。基于此,对大学生的管理也必须从培养全面发展的、适应社会需要的人才出发,从大学生的具体需要、动机、行为、目标入手,建立健全大学生激励机制,关注大学生的思想、情感、心理以及行动,帮助大学生进行目标管理,指导大学生进行职业生涯规划,为每个人的个性化发展拓宽空间。创造一种激励大学生提高素质、强化能力、健全人格、激发创新、追求卓越的文化环境,激发学生夯实专业基础、不断提高能力水平、加强思想品德修养，使之成为有理想、有目标、有追求、有能力的优秀人才。

5. 注重身体力行

彼得·德鲁克在《卓有成效的管理者》（The Effective Executive）一书前言中指出：管理工作在很大程度上是要言传身教的，如果管理者不懂得如何在自己的工作中做到卓有成效，就会给其他人树立错误的榜样。高校学生管理的形式多种多样，诸如树立典型、学习材料、宣讲规范、个别谈心、反例警示、创造环境等，其中运用最多的是言教，而效果最好的是身教，身教重于言教。正如孔子所说："其身正，不令而行；其身不正，虽令不从。"

当代大学生崇尚人格魅力，高校学生管理人员要实现对大学生的有效管理，必须首先赢得大学生的尊重。而要做到这一点，除了自身德才兼备以外，还必须以自己的真诚无私去换取学生的真诚无私，以自己的善良正派去构筑学生的善良正派，以自己的务实强干去引领学生的务实强干，以自己的纯洁美好去塑造学生的纯洁美好。唯有如此，学生管理工作者才能以榜样的力量激励学生，以高尚的人格感染学生，以实在的行动带动学生，使之产生强烈的认同感，消除其对抗情绪和逆反心理，促使其真正做到言行一致、知行合一。大量事实证明，学生管理工作者的身体力行，不仅可以提高管理的实效性，同时还可以减少重复劳动和无效工作。

（四）民主管理的方法

当前的高校学生管理工作中，实施民主管理势在必行。对民主的追求是人的一种高层次追求。民主与人的素质有关，大学生作为文化素质比较高的人群对民主会有更高更切实的要求。对大学生实施民主管理，不仅有助于大学生学习、生活和社会实践活动的有效进行，也有利于大学生实现自身的全面发展。实施民主管理，应着力做到以下几点。

1. 尊重学生的主体性

对大学生进行民主管理，就是要求在对大学生的管理中重视人的因素，也就是重视大学生的主体性，把大学生视为具有独立人格的个体。目前，有些学生工作管理者忽视学生的主体地位和平等独立的人格，如部分规章制度都是在学生不知情的情况下制定出来并要求学生遵守的，学生在这一过程中完全处于被动的位置。再如为了执行上级任务，忽视学生主体意愿，单方面强制性开展活动。要实施民主管理，高校学生管理工作者必须改变态度，充分尊重大学生的主体地位，将其视为实现教育目标的主体，实现学校工作人员特别是高校学生管理工作者与学生之间的互动，倾听大学生的心声，反映大学生的要求。对大学生的重视和尊重，会激发和增加大学生对学校和学生工作管理者的信任，进而使大学生支持学生管理工作，如此就会达成高校学生管理工作者与大学生之间的相互信任、相互支持，从而取得良好的管理效果。

2. 正确认识学生的价值

高校学生管理的对象是大学生，高校学生管理的目的在于促进大学生身心健康的发展，使其个性得到发展。在高校学生管理中，应该充分发扬民主，把大学生既看作高校学生管理工作的对象，又看作管理工作的主体。目前，有些高校的学生工作管理者在进行管理和教育的过程中，缺乏民主，忽视人的自觉性，重制度、轻教育，工作方式简单粗暴，奉行惩办主义，脱离育人的宗旨，导致师生关系紧张。这种管理方法必须摒弃，应转而采取民主的方法，着力培养大学生的主体意识，引导大学生自我管理、自我教育、自我服务、自主发展，促使其主体能力最大限度地发挥，为大学生日后走向社会、走向工作岗位打下坚实基础。

3. 建立学生参与管理的新型管理模式

从大学生的心理特征来看，他们正处于心理自我发现期，这一时期产生了认识和支配自我、支配环境的强烈意识，他们的思想和行为表现明显区别于中学生的相对独立的倾向，他们希望自己的意志和人格受到外界更多的尊重。他们对学校制定的规章制度、行为纪律会思考其合理性，不想被动地处于服从和遵守的地位，而是要求参与管理。根据大学生的这一心理特点，高校学生管理应该打破传统的专制管理模式，激发大学生在管理中的主动精神和主人翁态度，鼓励大学生对学校的各项工作进行策略思考，形成民主管理的良好氛围，使学生真正参与到高校事务管理中来，体现学生的主体地位。如建立学校与学生的平等对话关系，让他们参与到教学工作、管理工作、后勤工作、社团工作中来，这样不仅可以减少潜在冲突的发生，而且可以改善学生管理工作者与学生之间的关系，建立彼此合作、相互依赖、相互尊重、平等对话的良性互动关系和双方主体间的伙伴关系。

（五）系统管理的方法

所谓系统管理，即将相互关联的过程作为系统加以识别、理解和管理，以便于组织提高实现目标的有效性和效率。

高校学生管理具有系统管理的特点，主要表现在以下几个方面。

一是整体性。高校学生管理作为一个系统是由多个子系统组成的，如教学管理、生活管理、社团管理、社会实践管理、就业管理等，这些子系统之间既是相互独立的，同时又相互依存、相互影响和相互制约。根据系统论思想，如果整个学生管理系统的各个子系统的功能都能发挥正常，那么整体的功能就会比较理想。即使某些子系统的功能发挥不甚理想，只要能够组成一个良好的有机整体，一般情况下也能够取得较为理想的效果，这就是所谓的整体大于部分之和。

二是关联性。高校学生管理工作中的各要素既相互区别，又相互联系、相互作用、相互依存，并各有分工。如社团管理与社会实践管理尽管分工不同，但彼此之间却又紧密相连，很多时候会表现得你中有我，我中有你。

三是环境适应性。特定的环境会造就特定的管理，高校学生管理离不开特定的环境，如大学生专业知识的学习、实践能力的打造、品格素养的修炼等都需要在一定的环境中进行，离开一定环境是无法实现的。学生管理工作只有具备了环境的适应性，能够顺应环境、有效利用环境提供的有利条件，才会富有成效。

四是动态平衡性。学生管理系统的各要素在时间、空间和资源上的不同组合，要随着宏观环境即社会的变化发展而变化发展，对宏观环境要保持灵敏的适应性。如在当今金融危机的背景下，社会对大学毕业生的素质能力提出了新的要求，上手快、学习能力强、富有创新精神成为许多用人单位的共同诉求，这就要求我们的学生管理工作必须改变传统的重知识灌输、轻学习能力和创新能力培养的教学管理模式，变单纯的知识教育为知识与能力培养并重，加强对学生社会实践能力的培养以适应社会需求。与此同时，还必须保持系统的动态平衡，即让系统的各要素在各环节上保持相应的比例关系，以免系统内部失调，影响整个系统的正常运转。

五是目的性。高校学生管理系统是一个具有多种目标的系统。在这一系统中，既有总目标，又有分目标，总目标、分目标有机结合形成一个目标体系。要通过目标体系的不断优化，实现资源的有效利用，如一方面要最大限度地利用学校资源，另一方面还可以争取社会上一切可能的资源为高校学生管理所用，以此推动学生管理工作的突破，使之为学生提供最大的发展空间。

在高校学生管理工作中实施系统管理，应着力抓好以下几个环节。

第一，建立一个多维立体的高校学生管理体系，以最佳效果和最高效率实现管理目标。这一体系应包括：一种高校学生管理组织结构、一种符合大学生学习和成长特点的管理模式、一套标准化的工作流程、一套科学完善的高校学生管理工作制度、一套行之有效的管理运作方法等。

第二，正确理解和把握体系内各部分之间的相互依赖关系。在一个体系中，各部分是紧密相连的，往往会牵一发而动全身。因此，作为高校学生管理工作者，应该力争在学生工作管理过程中做到统筹兼顾，实现体系内各个部分之间的相互协调、相互配合，谋求 1+1 > 2 的效果。

第三，各部门及人员需要正确认识和理解为实现共同的目标各自所必须发挥的作用和担负的责任。作为同一系统的各层次、各部门的管理人员必须各尽其职、各负其责，这样才能减少职能交叉造成的阻碍，顺利实现高校学生管理的目标。

第四，高校学生管理的决策者必须准确判断各个管理部门的组织能力，在行动前确定资源的局限性，避免因决策失误或虑事不周而造成人力、物力、财力的浪费。

第五，设定目标，并据此制订计划、设计方案，确定如何有效运作本体系中的一些特殊活动，使之能够高水平完成。

第六，通过测量和评估，持续改进体系。通过研究制定完善测量、评估制度与办法，探索建立评估制度体系，加强对评估指标体系和规范简便评估办法的研究，及时进行检查和评估，从而不断提高高校学生管理的质量与水平，努力推进高校学生管理目标的实现。

第二节　高校学生管理的基本特征与重要价值

一、新时代高校学生的特点

（一）价值观特点

当下的高校学生都成长在改革开放的新时期，与传统社会环境下成长的一代人有十分明显的区别，其中最主要的原因是社会思想多样化，使得这一代学生的思想价值呈现多元化趋势，从目前高校学生的一些行为就可以表现出来。比如，许多学生在性格上表现出标新立异的特点，在兴趣爱好、人生理想、个人追求上都表现出较大的差异性。在互联网的普及下，学生通过社交网络能够接触各种不同的思想和价值观念，对于处在生长发育时期的青少年学生产生了很大影响，这种多元化的价值观在高校学生的学习和生活中表现得更为突出。学生的这种思想状况对于高校学生管理产生了很大影响，使得高校学生管理工作更加困难和棘手。

（二）生源特点

1. 缺乏社会经验

当下高校学生物质生活相对较为充裕，缺乏社会实践经验，许多学生没有独立生活的经历，缺乏必要的独立生活能力。进入高校学习之后，每个学生既是高校团体的一员，也是社会独立的个体。但学生由于缺乏一定的社会经验，缺乏自我保护能力。面对当下复杂的社会环境，学生一旦接触到不良事物就会变得手足无措，就会对学生的个人生活和身心健康造成损害。

2. 学生的学习和生活方式发生改变

随着信息技术的不断提升，互联网在社会生产生活中得到普及。受这样的环境影响，高校学生已经完全处在信息网络化所构筑的生活状态下，大学生的学习和生活已经完全离不开互联网。高校学生作为青年群体，是网络使用的主要人群，对新的技术和生活方式有着天然的好奇心，勇于探索和尝试各种新鲜事物。

在网络环境下，学生的学习和生活方式发生了很大变化，学生越来越习惯于网络的虚拟社交，这尽管在一定程度上扩大了学生的社交范围，但却导致部分大学生正常的社交能力十分弱化。在学习上，互联网的信息传播方式丰富了学习形式，为学生的多元化发展提供了良好途径，但却对传统课堂教学造成了冲击。

二、高校学生管理工作的特点

伴随着我国高校进入快速发展阶段，学校在教学计划、培养目标、国际交流、社会实践等方面使学生得到全面发展，高校管理水平和管理方法得到提高和完善。高校学生管理作为高等学校为实现人才培养目标而为大学生提供的引导与服务，有其自身显著的特点。

（一）教育性

高校学生管理是高等学校人才培养工作的重要组成部分，因此，高校学生管理既具有管理的属性，又具有教育的属性，有着突出的教育功能。

首先，高校学生管理的目标服从和服务于大学生教育的目标。大学生是为了接受高等教育而跨进大学之门的，高校学生管理则是高等学校为实现大学生教育目标，促进学生圆满完成大学学业而实施的特殊管理活动。因此，高校学生管理的目标必然服从和服务于大学生教育的目标。

其次，教育方法在高校学生管理方法体系中具有突出的作用。教育方法是包括高校学生管理在内的现代管理活动中最经常、最广泛使用的一种基本手段。这是因为，一切管理活动都离不开人，而人是有思想的，人的活动总是由一定的思想意识支配的。正如恩格斯所说，推动人去从事活动的一切，都要通过人的头脑。因此，任何管理活动都要坚持思想领先的原则，注意做好人的思想工作，通过影响人的思想去引导和制约人的活动。而高校学生管理作为大学生教育和培养工作系统中的一个重要组成部分，也就必然要更加注重运用教育的手段，以增强高校学生管理的实效性。

最后，高校学生管理过程同时也是教育大学生的过程。高等学校是教育和培养专门人才的场所，高等学校的一切工作都应当对学生起到良好的教育和影响作用。高校学生管理过程中所贯彻的以人为本、民主法制、公正和谐的理念，所体现的从学校和学生的实际出发、遵循教育规律和管理规律、实事求是的科学精神，所采用的民主管理、依法管理、科学管理的方法等都会对学生起到潜移默化的影响。高校学生管理过程中所实行的依据大学生成长成才的规律和要求制定的各项规章制度，都会对大学生起到思想导向、动机激励和行为规范的作用。高校学生管理过程中管理人员的情感、态度和言行也会对大学生起到表率和示范作用。可见，高校学生管理的过程同时也是教育学生的过程，并直接影响着大学生思想品德的形成与发展。

（二）导向性

高校学生管理总是为一定社会培养人才提供服务的，高校学生管理的目的、管理体制和管理形式总是受到社会的经济基础、政治制度和意识形态的制约。因此，高校学生管理必然具有鲜明的价值导向。它总是贯穿并体现着一定社会的主导价值体系，并直接影响着大学生价值观的形成、变化与发展。具体地说，高校学生管理的价值导向主要体现在以下几个方面。

1. 管理目标

目的性是人类实践活动的基本特征。而人的实践活动的目的，总是基于一定的需要和对实践对象的属性及其变化趋势的认识与判断，因而总是体现着一定的价值观念。高校学生管理的目的同样如此。事实上，高校学生管理的目的以及作为其具体展开的整个目标体系,都是基于一定的价值观念确定和设计的,都贯穿和体现着一定的价值观念和价值追求。因而,高校学生管理的价值导向不仅对管理者的管理行为和大学生的日常行为起着导向、激励和评价作用,而且会对大学生价值观的形成和发展起到重要的引导和促进作用。

同时,高校学生管理是大学生教育的重要环节。为谁培养人,培养什么样的人,始终是大学生教育的首要问题,当然也是高校学生管理的首要问题。显然,对这个问题的解决,必然鲜明地体现着一定的价值观念和价值追求。在我国现阶段,就是要体现社会主义核心价值体系、体现实现中国特色社会主义的共同理想对人才培养的要求。因而,我国高校学生管理的目标也必然要体现社会主义的价值导向。

2. 管理理念

高校学生管理理念是高校学生管理的指导思想,直接制约着高校学生管理的原则和方法。而高校学生管理理念也总是体现了社会的价值体系,并往往是社会的先进的价值观念在高校学生管理中的贯彻和体现。例如,高校学生管理中的以人为本的理念,就是我们党所坚持的以人为本的价值观念在高校学生管理中的贯彻和体现。在高校学生管理中全面贯彻以人为本的理念,坚持做到关心人、尊重人、依靠人、发展人、为了人,必然会对学生正确认识人的价值,确立以人为本的价值观念产生积极影响。

3. 管理制度

科学而又严密的规章制度,是高校学生管理的基本手段,是高校学生管理规范化、制度化和法制化的基本保证和主要标志。而管理规章制度总是人们在一定的价值观念指导和影响下制定出来的,总是体现着一定的价值导向,具体表现为:要求大学生做什么,不做什么;鼓励和提倡做什么,反对和禁止做什么;奖励什么样的行为和表现,惩罚什么样的行为和表现等。高校学生管理制度中的这些规定无不体现着鲜明的价值导向。

(三)复杂性

同任何管理活动一样,高校学生管理也是一项系统工程,具有整体性、层次性、动态性和开放性。同时,高校学生管理又有其特殊的复杂性,因而是一项十分复杂的系统工程。

1. 高校学生管理的任务是复杂的

既要紧紧围绕大学生的中心任务,加强对学生学习行为和实践活动的管理和引导，又要切实为大学生的健康成长着想，加强对大学生日常行为包括交往行为、消费行为、网络行为的管理和引导，及时发现、校正和妥善处理大学生的异常行为；既要加强对大学生现实群体包括学生班级、学生党团组织、学生社团和学生生活园区的管理和引导，又要适应网络时代的新情况，加强对大学生以网络为平台形成的虚拟群体的管理和引导；既要对大学生在校园内的安全加强管理和引导，又要为大学生在校外的安全提供必要的指导和督促；既要做好面向全体学生的奖学金评定工作，以充分调动学生的学习积极性，又要做好面向家庭经济困难学生的资助工作，以帮助他们顺利完成学业；既要引导新生科学制定职业生涯规划，明确努力的具体目标，又要为毕业生提供就业、创业指导和服务，使学生能够在合适的岗位上施展自己的身手、实现自身的价值。总之，高校学生管理渗透于大学生专业学习和日常生活的各个方面，贯穿于大学生培养工作的所有环节和全部过程，其任务是复杂而又艰巨的。

2. 大学生是具有明显差异和鲜明个性的

高校学生管理的对象是大学生，而大学生则有着显著的差异和鲜明的个性。他们各有其特殊的精神世界和思想感情，有着不同的气质、性格、兴趣、爱好和习惯。即使是同一个年级、同一个专业、同一个班级的学生，由于他们各有自己特殊的生活条件和生活经历，他们的思想行为也各有特点。同时，随着自主意识的增强，大学生普遍崇尚个性，追求个性的自由发展和完善。对同一学生而言，在成长变化不同的历史时期有着不同的特点。因此，高校学生管理就不可能按照完全统一的要求、规格和程序来进行，而要善于根据大学生的个性特点，因人制宜，因势利导，有针对性地开展工作。这就使高校学生管理具有了特殊的复杂性。

3. 影响大学生成长的因素是复杂的

高校学生管理的目的是要促进大学生的健康成长，而影响大学生成长的不仅有学校教育因素，还有外部环境因素。外部环境的构成因素是复杂的。现实世界中，所有与大学生的学习、生活、活动和交往有关的环境因素，都会或多或少地对大学生的成长发生影响。其中，有社会的因素，也有自然的因素；有物质的因素，也有精神的因素；有经济的、政治的因素，也有文化的因素；有国际的、国内的因素，也有家庭的、学校周边社区的因素；有现实的因素，也有历史的因素。尤其是随着现代信息技术的迅猛发展，世界越来越紧密地联系在一起，大学生可以方便快捷地获取来自世界各地的信息，因而，影响大学生思想行为及其成长的环境因素也就更为广泛，更为复杂。

同时，外部环境对大学生的影响也是复杂的。一是其影响的性质具有多重性。其中，有积极影响，也有消极影响，二者往往交织在一起，同时发生作用。而且，同样的环境因素相对于不同的大学生可能会发生不同性质的影响。例如，富裕的家庭条件对许多大学生是顺利完成学业的有利条件，但对有的大学生却成为铺张浪费、过度消费甚至不思进取、荒废学业的重要原因。二是其影响的方式具有多样性。有直接的影响，有间接的影响；有显性的影响，有隐性的影响；有通过对大学生思想情感的熏陶发生作用的，有通过对大学生行为的约束发生作用的。凡此种种，不一而足。因此，在高校学生管理过程中，管理者不仅要善于对大学生的学习和生活进行正确的指导，而且要善于正确认识和有效调控各种环境因素对大学生的影响，尽可能充分利用其对大学生的积极影响，防止、抵御和转化其消极影响。显然，这是一项十分复杂的工作。

（四）专业性

高校学生管理传统上是经验性的事务型工作，但由于高校学生管理有其特殊的管理对象、特殊的内在规律和特有的方法体系，决定了必须形成高校学生管理专业视角、使用专业方法、形成专业研究模式。所以，大学生管理工作是专业性很强的工作。

1. 高校学生管理有其特殊的管理对象

高校学生管理的对象是大学生，而大学生有着区别于一般管理对象的显著特点。

一是大学生是具有高度自觉能动性的人。大学生具有强烈的自主意识、突出的独立意向和较高的智力发展水平，崇尚独立思考，追求自主自治。在高校学生管理过程中，大学生不仅仅是接受管理的对象，也是积极活动的主体。对于管理的要求和规章，对于管理者施加的指导和督促，他们总要经过自己的思考，做出自己的评价、选择和反应。更重要的，他们还会主动积极地参与到管理活动中来，自觉地接受管理和实行自我管理。这就要求在高校学生管理中必须着力激发和引导大学生的自觉能动性，使他们能够自觉地顺应高校学生管理的目标和要求，主动接受管理，积极开展自我管理。

二是大学生是正处于人生发展关键时期的人。他们的心理日趋成熟但尚未完全成熟，情感日益丰富，自我意识显著增强，但又存在着诸如理智与情绪的矛盾、自我期望与自身能力的矛盾等心理矛盾。他们正处于思考、探索和选择之中，世界观、人生观和价值观正在形成，思想活动具有显著的独立性、敏感性、多变性、差异性和矛盾性。他们即将走上社会，正在为进入职场、全面参与社会劳动实践做最后的准备。

可见，大学生有着既不同于少年儿童又区别于成人的特点。同时，也正由于大学生还处于人生发展的关键期，因而在他们身上又蕴藏着各个方面发展的极大的可能性，有着发展的巨大潜力。这就要求在高校学生管理中，要针对大学生的特点，切实加强并科学实施对大学生的指导和服务，以促进他们的健康成长，并使他们的身心获得最佳的发展。

三是大学生是以学习为主要任务，并在教师的指导下进行自主学习的人。大学生的主要职责是学习，大学生的学习是由教师指导的、按照一定的制度和规定有目的、有计划、有组织地进行的。同时，大学生可以按照学校的有关规定自主地选修课程，自主地支配大量的课外学习时间。因而，大学生的学习不仅需要掌握科学的学习方法，而且需要高度的学习自觉性和有效的自我管理。这就要求高校学生管理紧紧围绕大学生的学习任务，切实加强对大学生学习行为的指导和管理。

2. 高校学生管理有其特殊的内在规律

这是由高校学生管理自身的特殊矛盾决定的。高校学生管理的特殊矛盾，就是社会基于对专门人才的需要而对大学生在行为方面的要求与大学生行为实际状况之间的矛盾。这一矛盾存在于一切高校学生管理的活动之中，贯穿于一切高校学生管理过程的始终，决定着高校学生管理的全局，也是高校学生管理区别于其他社会实践活动的特殊矛盾。高校学生管理就是为解决这一矛盾而专门进行的特殊的社会实践活动。因此，高校学生管理作为一种管理活动，固然要遵循管理的一般规律，但又有其区别于其他管理活动的特殊规律。高校学生管理作为一种人才培养的手段，固然要遵循教育的一般规律，但又有其区别于其他教育活动的特殊规律。这就需要对高校学生管理的特殊规律，进行专门的探索和研究。高校学生管理理论研究的任务，就是要揭示高校学生管理的特殊规律。

3. 高校学生管理有其特有的方法体系

高校学生管理所具有的特定的管理对象和特殊的管理规律，决定了高校学生管理有其特有的方法体系。由于高校学生管理工作涉及面极其广泛，具有很强的综合性，因而需要学生管理工作者掌握管理学、教育学、心理学、社会学等多方面的理论方法和技术。但高校学生管理的方法体系又不是这些学科方法和技术的简单拼凑和机械相加，而是需要在系统掌握这些学科理论、方法和技术的基础上，针对高校学生的特点，依据高校学生管理的特殊规律和具体实际，把它们有机地结合起来加以综合运用，从而形成自己特有的方法体系。

（五）时效性

高校学生管理顾名思义就是对学生事务和工作的管理与处理，此外要为遇到困难和困惑的学生提供解决方案和办法，或者直接给予帮助，并且对部分学生的问题和情况必须及时处理。因此，高校学生管理工作就要及时落实，也就是要具有时效性。如果对于学生产生的问题和情况不及时处理，就会扩大事态，不仅会影响学生的学习和生活，而且还会造成不良影响，影响学校的管理秩序。高校学生管理工作与学生的学习、社会实践和工作密切相关，对于学生的成长、发展、人生规划和人生选择尤为重要。因此，对与学生相关的工作一定要认真及时地落实。无论是高校学生管理工作还是其他工作，都有一个共同的特点，那就是都有其完成的截止时间，都要在规定的时间内完成相关的工作。

三、高校学生管理的价值

（一）高校学生管理价值释义

高校学生管理的价值，是指高校学生管理对于社会、高等学校和大学生所具有的作用和意义，也就是高校学生管理的属性和功能对社会进步、高等学校发展和大学生成长、成才需要的满足。

高校学生管理价值的客体是高校学生管理本身。高校学生管理具有能够对大学生的成长和发展、对高等学校实现教育目标、对培养社会合格人才发挥作用的属性与功能。正是高校学生管理的这些属性和功能构成了高校学生管理价值的基础。

高校学生管理价值的主体是社会、高等学校和大学生。高等学校是高校学生管理的实施者。高等学校之所以要实施高校学生管理，是根源于实现教育目标的需要，而高校学生管理则具有能够满足这种需要的属性和功能。因此，高等学校也就成为高校学生管理价值的主体。同时，高等学校的教育目标又是依据社会对专门人才的要求和大学生自身发展的需要制定的，因此，社会和大学生也就都成为高校学生管理的主体。高校学生管理价值所体现的也就是高校学生管理对社会、高等学校和大学生需要的满足关系。

（二）高校学生管理价值的特点

1. 直接性与间接性

就其作用的形式而言，高校学生管理对其主体的作用，有直接作用和间接作用。因而，高校学生管理价值也就具有直接性和间接性的特点。高校学生管理价值的直接性，是指高校学生管理能够不经过中介环节而直接作用于价值主体，以满足其一定的需要。一般来说，高校学生管理对大学生的影响和作用往往就是直接地发生的。高校学生管理价值的间接性，是指高校学生管理需要通过一定的中介环节而间接作用于价值主体，以满足其一定的需要。一般来说，高校学生管理对于社会的影响和作用往往就是通过对大学生的影响和作用而间接地发生的。

2. 即时性与积累性

高校学生管理价值的即时性，是指高校学生管理活动在短时间内就能够迅速达到目标，从而满足价值主体的某种需要。

高校学生管理价值的积累性，是指高校学生管理往往要经过一个相当长的过程，通过长期的工作积累，才能达到目标，从而满足价值主体的需要。

3. 受制性与扩展性

高校学生管理价值的受制性，是指高校学生管理价值的实现要受到其他种种因素的影响。这是因为高校学生管理价值，就是对大学生成长成才的作用和意义。而大学生的成长成才则还要受到高等学校内部其他因素和外部环境因素的影响。因而，高校学生管理在大学生成长成才中发挥的作用，也就必然要受到其他种种因素的制约。

高校学生管理价值的扩展性，是指高校学生管理可以通过大学生的活动和影响对高等学校内部其他工作和外部环境因素发生作用，从而使自身价值得到扩展。

4. 系统性与开放性

高校学生管理价值的系统性，是指高校学生管理的价值是一个由多种维度、多种类型的内容构成的有机整体。按价值的主体，可分为社会价值、高校集体价值和个体价值。社会价值是高校学生管理对社会运行和发展的作用和意义；高校集体价值即高校学生管理对高等学校运行和发展的作用和意义；个人价值即高校学生管理对大学生个体成长和发展的作用和意义。按价值存在的形态，可分为理想价值和现实价值。理想价值是高校学生管理价值的应有状态，即高校学生管理所追求的最终价值；现实价值是高校学生管理的实有状态，即在现实条件下已经实现或正在实现的价值。还可以按价值的性质，分为正向价值和负向价值；按价值的大小，分为高价值和低价值；等等。高校学生管理价值就是由上述各种价值组成的系统。

高校学生管理价值的开放性，是指高校学生管理的价值会随着价值主体的需要和高校学生管理功能的变化发展而变化发展。随着社会的发展，高校学生管理服务对象的需要在变化发展，这就必然会促使高校学生管理的功能发生相应变化和发展，从而使高校学生管理的价值得到增强和拓展。

（三）高校学生管理的社会价值

高校学生管理的社会价值，是指高校学生管理对社会运行与发展的作用和意义，即高校学生管理的属性和功能对社会运行与发展需要的满足。高校学生管理的社会价值集中表现为，它是培养中国特色社会主义建设合格人才的重要手段，是构建社会主义和谐社会的内在要求。

1. 培养合格人才的重要手段

中国特色社会主义事业的发展需要数以亿计的高素质的劳动者、数以千万计的专门人才和一大批拔尖创新人才。高等学校是人才培养的重要基地，其中心任务就是要为中国特色社会主义建设培养合格的专门人才。而高校学生管理则是高等学校人才培养工作的重要手段，在培养合格人才中发挥着不可或缺的重要作用。

维护正常的教育教学秩序。高等学校的教育教学活动总是按照一定的制度和规章有目的、有计划、有组织地进行的，建立和维护正常的教育教学秩序是高等学校教育教学工作的内在要求和基本条件。这就需要有严格的、科学的管理，包括高校学生管理。高校学生管理是建立和维护正常的教育教学秩序的重要保证。没有有效的高校学生管理，就不可能有正常的教育教学秩序。

激励、指导和保障学生的学习行为。高等学校教育教学的过程是教师与学生双向互动、教与学辩证统一的过程。其中，教是主导，学是关键。学习是大学生的主要任务，是大学生能否成为合格人才的关键。而高校学生管理则对大学生的学习行为起着重要的激励、指导和保障作用。

培养学生的思想品德。中国特色社会主义建设所需要的合格人才不仅要具备良好的专业知识和能力素养，还要具备良好的思想品德。培养大学生良好的思想品德，不仅需要深入细致的思想政治教育，还需要有效的管理。大学生各个方面还未成熟，发展尚未稳定，加之各个学生的思想基础不同，接受教育的主动性、积极性和自觉性各不相同，因此，大学生自我管理、自我约束的能力尚有欠缺并存在差异。

2. 构建和谐社会的内在要求

实现社会和谐，始终是人类孜孜以求的社会理想，也是中国共产党和中国人民不懈奋斗的重要目标。高校学生管理作为对大学生这一特殊社会群体提供引导和服务的社会活动，在构建社会主义和谐社会中发挥着特有的重要作用，具有特殊的重要价值。

第一，高校学生管理是维护社会稳定、实现社会安定有序的重要保证。切实加强高校学生管理，正确引导大学生的社会活动和政治行为，妥善解决大学生在学习、生活、交往和就业中碰到的各种矛盾和问题，及时处理大学生中发生的各种突发事件，以保持高等学校的稳定，对于维护社会稳定、实现社会安定有序具有特殊的重要意义。

第二，高校学生管理是构建和谐校园的重要手段。高等学校是现代社会中不可或缺的重要社会组织，担负着培养人才、推进科技进步、传播先进文化的重要任务。构建和谐校园，是构建社会主义和谐社会的题中应有之义，也是推进高等学校科学发展的内在要求。加强高校学生管理，引导和组织大学生积极发挥在和谐校园建设中的主体作用，是构建和谐校园的重要保证。

通过高校学生管理，建立和维护学校正常的教育教学秩序和生活秩序，加强学生的安全教育和管理，保障学生的身心健康，有效地预防和妥善地处理学生中的突发事件，努力建设平安校园，才能使校园实现安定有序。通过高校学生管理，引导和督促学生自觉维护校园环境，节约使用水、电等各种资源，才能使校园成为人与自然和谐共处的生态校园。

第三，高校学生管理是促进大学生集体和谐发展的重要手段。大学生集体的和谐发展，不仅直接关系着大学生个体的健康成长和全面发展，也直接关系着高等学校的和谐稳定和科学发展。高校学生管理包含着对大学生集体的管理，因而在促进大学生集体和谐发展中具有十分重要的作用。

（四）高校学生管理的个体价值

高校学生管理的个体价值，是指高校学生管理对大学生个体成长与发展的作用和意义，即高校学生管理的属性和功能对大学生个体成长与发展需要的满足。高校学生管理的个体价值主要表现在引导方向、激发动力、规范行为、完善人格和开发潜能等几个方面，下面主要介绍引导方向、规范行为和开发潜能三个方面。

1. 引导方向

高校学生管理具有突出的导向功能，对大学生的成长和发展起着重要的导向作用。高校学生管理的导向作用，主要表现在以下三个方面。

第一，引导政治方向。政治方向是政治立场、政治观念、政治态度、政治品质和政治信念的综合体，是人的素质中的首要因素，决定着人们思想和行为的基本倾向。我们党历来强调在人才培养中必须把树立坚定正确的政治方向放在第一位。

第二，引导价值取向。价值取向是指人们基于自己的价值观在面对或处理各种矛盾、冲突、关系时所持的基本价值立场、价值态度以及所表现出来的基本价值倾向。价值取向决定和支配着人的价值选择，制约着人们思想和行为的方向。引导大学生掌握社会主义核心价值体系，坚持正确的价值取向，有着尤为重要的意义。如前所说，鲜明的价值导向是高校学生管理的一个显著特点。高校学生管理通过坚持和贯彻体现社会主义核心价值体系的管理理念，制定和执行以培养社会主义建设合格人才为根本宗旨的管理目标体系和管理规章制度，对大学生的价值取向发挥了重要的引导作用。

第三，引导业务发展方向。引导大学生确定既符合社会需要又符合自身实际的奋斗目标，明确业务发展的方向，可以引导他们把自己的主要精力和时间投入实现既定目标的业务学习和实践活动之中，从而促进他们早日成才。高校学生管理在引导大学生业务发展方向方面的作用集中表现在：通过对学生学习活动的指导，引导学生根据相关专业的要求和自己的兴趣爱好，确定专业学习的目标，从而明确在专业学习方面努力的方向；通过对大学生职业生涯规划的指导，引导学生根据社会需求、职业发展的趋势和自身的主观条件与愿望，确定自己的职业理想，从而明确自己职业生涯发展的方向。

2. 规范行为

高校学生管理的一项重要任务就是要科学制定和严格执行各项管理规章制度和纪律，以规范大学生的行为，促进其形成文明的行为方式和良好的行为习惯。高校学生管理在规范大学生行为方面的作用，主要是通过以下三种路径实现的。

第一，加强制度建设。制度建设是高校学生管理的重要内容。高校学生管理中的制度建设，就是要依据社会发展要求、人才培养目标和大学生健康成长与发展的需要，科学制定和不断完善各项规章制度，使大学生明确应该做什么、不应该做什么，应该怎么做、不应该怎么做，并引导和督促大学生用于规范自己的行为，逐步形成文明的行为方式。教育部发布的《高等学校学生行为准则》（教学〔2005〕5号）和2017年修订的《普通高等学校学生管理规定》（中华人民共和国教育部令第41号），是现阶段高校学生管理的基本规章制度，为规范大学生行为提供了基本的规定和准则。

第二，严格纪律约束。纪律是一定的社会组织为实现组织目标而要求其全体成员必须共同遵守并具有组织强制力的行为规范。它是建立正常秩序、维护组织成员共同利益的重要手段，是完成各项任务、实现组织目标的重要保证，因而成为高校学生管理中不可或缺的重要手段。在高校学生管理中，严格执行学习、考试、科研、集体活动、校园生活、安全保卫等各个方面的纪律，从而约束和调整学生的行为，并对违纪学生及时做出恰当的处罚。严格的纪律约束可以有效地引导和规范学生的行为，促进其良好行为习惯的养成。

第三，引导自我管理。自我管理是高校学生管理的重要路径。自我管理的一项重要内容就是要启发学生的自觉性和主动性，引导学生自觉遵守管理制度，主动地用符合大学生行为准则规范的行为，实行自我约束和自我监督。这种自我约束和自我监督，既表现在大学生个体的自我管理中，也体现在大学生群体的自我管理中。在大学生班级、寝室、社团等群体的管理中，充分发挥学生的主体作用，引导学生在民主讨论的基础上，形成全体成员共同遵守的规章制度，并相互监督执行，不仅有助于营造良好的群体氛围，实现群体的目标，而且有助于提高全体成员规范和约束自己行为的自觉性。

3. 开发潜能

人的潜能是指人所具有的有待开发、发掘的处于潜伏状态的能力，它包括人的生理潜能、智力潜能和心理潜能。人的潜能是人的现实活动力量的潜伏状态和内在源泉。人的能力的发展，在一定的意义上，也就是开发潜能，使之转化为现实活动力量的过程。人的潜能是巨大的。大学生正处于人生发展的关键时期，着力开发他们身上所蕴藏的丰富潜能，将他们内在的潜能转化为从事社会建设的实际能力和现实力量，是大学生培养工作的重要任务。高校学生管理作为大学生培养工作的重要组成部分，在开发大学生内在潜能方面发挥着不可或缺的作用。高校学生管理在开发大学生潜能方面的作用，主要通过以下三种途径实现。

第一，指导学习训练。学习和训练是开发潜能的基础。只有通过系统的学习和训练，掌握必要的知识和方法，才能使潜能得到正确的、有效的发挥。高校学生管理通过对大学生的学习活动的管理和指导，引导大学生确立正确的学习目的，掌握科学的学习方法，不仅可以充分发掘大学生在学习方面的潜能，提高他们的学习能力，而且可以促进大学生系统地掌握专业理论知识和方法，从而使他们在专业方面的潜能得到开发和发展。

第二，运用激励机制。激励是开发潜力的重要手段，通过激励，可以充分调动人的主观能动性，打破安于现状的消极心态，振奋人的精神、转变人的态度、激发人的兴趣、调整人的行为模式，从而达到开发潜能的目的。激励是高校学生管理的重要手段。高校学生管理运用激励机制，通过引导学生明确努力方向和成才目标，奖励成绩优异、表现突出的学生，可以调动大学生的主动性和积极性，激发他们奋发向上的进取精神，从而促进他们不断地开发自身内在的潜能。

第三，组织实践活动。实践是潜能转化为具体能力的中介和桥梁。人的潜能只有在实践中才能逐步显现出来，得到实际发挥，从而转化为具体能力。高校学生管理通过支持和指导学生的社团活动和社会实践活动，鼓励和引导学生的科技服务和科技创新活动等，可以为大学生提供丰富多样的参与实践活动的机会，使他们的潜能在实践中得到开发和发展。

第三节　我国的高校学生管理工作

一、我国高校学生管理的历史经验总结

我国对高校学生管理的实践，特别是改革开放以来的探索，为高校学生管理积累了基本经验。概括地说，主要包括以下几个方面。

（一）遵循国家教育方针，确保高校学生管理的正确方向

国家教育方针是国家在一定历史时期内为实现该时期的基本路线和基本任务，对教育工作所提出的总的指导方针。国家教育方针规定着我国教育的总方向和培养目标，集中体现了坚持党对教育工作的领导，坚持教育为社会主义现代化服务、为人民服务，教育与生产劳动相结合，培养德、智、体、美全面发展的合格社会主义建设者和可靠接班人等要求。高校一切工作都要紧紧围绕国家教育方针来进行。

高校学生管理作为一种高校工作管理手段，是为国家的教育方针服务的，是为培养德、智、体、美全面发展的社会主义合格建设者和可靠接班人服务的。

实践证明，高校学生管理一旦脱离了国家教育方针，就会迷失方向，就会偏离轨道，就会造成管理工作的混乱和失序。高校学生管理工作，必须紧紧围绕我国教育的总方向和培养目标，全面贯彻国家教育方针，为培养社会主义合格建设者和可靠接班人服务。

（二）发挥育人功能，依据教育规律，科学管理

管理是一门科学。高校学生管理作为管理科学的一个分支，应遵循管理的一般规律，充分发挥其育人功能，科学、有效地进行管理。与一般管理工作不同，高校学生管理的对象是大学生群体，有其特定的指向性。改革开放以来，我国经济快速发展，社会结构发生深刻变化，利益关系和利益格局重新调整，这给人们的思想观念带来了一定的冲击。

在新的时代背景下，大学生总体上树立了自强意识、创新意识、成才意识、创业意识，但与此同时，在一些大学生中也不同程度地存在理想信念模糊、价值取向扭曲、诚信意识淡薄、社会责任感缺乏、艰苦奋斗精神淡化等问题。因此，在高校学生管理工作中，必须注意把握时代特征，根据大学生的具体特点，依据教育规律，探索高校学生管理工作的科学方法，加强高校学生管理工作的科学性，实现科学管理、有效管理，在管理中培养人和教育人，引导大学生树立正确的世界观、人生观和价值观，使高校学生管理工作既符合大学生的实际状况，又符合国家的人才培养要求。

（三）完善高校学生管理制度，提高管理水平，依法管理

依法建章、规范管理是现代高校学生管理所必须遵循的原则，是贯彻依法治国、人才强国战略的必然要求。随着高校办学规模的不断扩大、办学层次的不断提高，高等教育由精英化教育阶段步入大众化教育阶段，学校管理作为一种公共权力，其如何行使、怎么行使，日益受到社会各界的广泛关注。

同时，随着大学生群体法律意识的增强，学生维权活动增多，客观上要求在高校学生管理工作中，必须依法管理，不断深化管理制度改革，健全管理制度，细化管理流程，在涉及学生切身利益的管理活动中切实保障学生的合法权益。这就必然要求在高校学生管理中根据自身办学层次、办学特色和办学类型不断创新各种适合自身的办学管理制度，使之科学化、规范化。在完善学生管理制度的基础上，不断提高管理水平，增强管理能力，做到依法管理。

（四）坚持教育与管理相结合，形成齐抓共管的长效机制

高校学生管理工作涉及大学生在校期间学习和生活的方方面面。从对大学

生的学籍管理、课外活动管理到对大学生的组织管理、安全管理，高校教学、科研以及行政管理等各个部门和各个机构都相应地承担着管理学生的责任。

因此，高校学生管理必须坚持教育与管理相结合，发挥高校各个部门和机构间的合力，实现教学和管理部门间的密切合作，改变以往那种认为高校学生管理只是学生工作部门的事，只有各院、系的辅导员和班主任才负有管理大学生的责任等错误认识，形成齐抓共管的长效机制。这就客观地要求各部门间权责明确、分工有序。只有在明确权力和责任的前提下，才能做到全校工作一盘棋，形成齐抓共管的工作局面。坚持教育与管理相结合，形成齐抓共管的长效机制，还必须依靠体制和队伍方面的建设，如有些高校建立了定期的学校各部门联席会议制度和学生工作领导小组等，都很好地保障了各职能部门间协调有效的运转和功能的充分发挥，增强了高校学生管理工作的针对性和实效性。

（五）充分利用现代科学技术手段，不断创新管理方式方法

随着时代的发展、科学技术的不断进步，高校学生管理的对象和工作条件也在不断地发生变化，这就要求高校学生管理不断创新管理方式方法，以适应不同时期的新情况和新要求。因此，充分利用现代科学技术手段，如信息技术、计算机网络技术、测量技术、咨询技术、评估技术等，成为不断创新高校学生管理方式方法的必然选择。

这就要求高校在学生管理工作中，一方面要充分利用先进的管理技术，积极推进办公网络化、自动化建设，在管理过程中重视对网络技术和相关信息技术的应用，将各种现代技术引入并渗透到高校学生管理中去；另一方面，高校要在充分利用现代科学技术手段的基础上，不断开发针对高校学生管理实际的应用技术管理平台，建立诸如大学生信息管理系统、高校学生管理网络互动系统、大学生综合管理办公系统等现代化的办公及服务体系，以科学技术的创新不断推动管理方式方法的创新。

二、高校学生管理的内容

（一）德育管理

德育管理是十分重要的高校管理工作，它是组织、协调和控制德育在高校有效实施的保障，是高校按照一定要求，根据大学生身心发展特点和品德形成规律，有目的、有计划、有组织地对受教育者在心理上施加系统的影响，把一定的思想和道德转化为个体的思想品德的过程。其内容主要包括：爱国主义教

育、集体主义教育、理想教育、辩证唯物主义教育、文明礼貌教育、诚实守信教育、遵纪守法教育、劳动教育等。

（二）学籍与学习管理

高校学生在取得入学资格后，就获得了该校的学籍。高校学生学籍管理即关于学籍管理的相关工作，包括学籍注册、考核与评定记录、升级与降级、转学与退学、奖励与处分、毕业等。高校应在国家方针政策的基础上，结合教育学理论、学生发展规律以及学校的实际情况，制定出符合学校实际的规章制度，实施对学生的学籍管理。学籍管理对稳定高校教学秩序、规范与优化学生的学习行为、培养学生良好的学习风气、全面提高教学质量等都起着十分重要的作用。

学习管理是高校对大学生智育活动进行计划、组织、协调、安排、控制的总称，它是高校按照一定的专业教育标准，有目的、有计划地对大学生进行专业教育，使其具有专业知识和技能，从而培养成为社会主义现代化建设合格人才的过程。大学生学习管理的内容包括学习知识的管理、培养技能的管理、开发智力的管理等方面，这几种管理都是教学管理的主要任务。从现代管理学的角度来看，比较先进的管理法有：目标管理法，就是通过制定目标，做到全局在胸、有的放矢、上下协调、有条不紊的管理方法；程序管理法，就是按照决定、执行、审查、总结四个阶段做好管理工作的方法；规范控制法，学生管理活动是思政干部与学生协同努力达到对学生有效管理的过程，因此，必须制定一系列规范的管理制度以组成高效的实施保障体系，即规范控制法，包括学生学习、生活、工作等有关制度。

（三）生活与行为管理

生活方面的管理是大学生管理工作的重要内容，搞好生活管理，对体现党和政府对学生的关怀，保护学生的身心健康，建立正常的学习、生活和工作秩序，培养大学生的优良品德和文明习惯，实现学校的培养目标，都有不可忽视的作用。大学生生活管理，应当包括对大学生在校期间的一切生活活动的管理，包括饮食起居、卫生健康等方面生活的管理。这些都是为大学生提供优质生活服务，以促进其良好习惯养成的管理工作。

对于高校来说，需要对学生的日常行为进行一定的规范和管理。具体来说，高校在学生行为管理上的主要工作就是制定相应的学生日常行为规范，以此约束和监督学生的日常行为，通过规范学生的日常行为，对其进行正确的引导，使学生做到行为文明、遵纪守法，并养成良好的学习习惯，成为新时代合格的大学生。

（四）体育与活动管理

体育管理是高校教学管理的重要组成部分，它是学校对大学生体育活动进行计划、组织、协调、控制的总称，是高校组织、指导大学生按照一定的体育锻炼标准，有目的、有计划、有组织地进行体育教育和锻炼的过程，有效的体育管理可以造就大学生健康的体魄，使他们能应对在校紧张的学习；是在遵循学生身心发展规律、教育规律和学校体育管理原则的基础上，以尽可能少的人、财、物、时间、信息投入，采用最佳手段和方法，以获得最佳体育效益的过程。

除了教学大纲规定的教育活动之外，学生还拥有一定的课余时间。学校出于教育学生等各种目的，还会在课余时间计划和组织一定的学生活动。因此，学生活动管理，也是学生管理工作的重要组成部分。对于高校来说，为了更好地促进学生的全面发展，使学生在获得知识的同时，获得道德、审美、体质、技能等方面的全面发展，还应该通过多种渠道，组织各种类型的学生活动，如社会公益活动、主题教育活动等。对于学生活动的管理来说，应遵循学生活动的计划性、系统性、周期性、动态性、反馈性等原则。

（五）奖惩管理

学生在学习的过程中既存在积极行为，也存在消极行为。因此，为了保证培养出德才兼备的高素质人才，高校就需要制定一定的奖惩制度，对学生的积极思想与行为进行表扬和奖励，从而激励学生的正面成长。对学生的不良思想与行为进行一定的惩处，以使学生认识到自己的错误，改正自己的行为。对于学生的奖惩管理可以分为奖励和处分两部分，其中奖励可分为精神奖励与物质奖励，精神奖励即各种荣誉称号，如优秀毕业生等，物质奖励则主要指各类奖学金；处分则按照学生错误的严重程度分级，包括警告、严重警告、记过、留校察看、开除学籍等。对学生进行规范的奖惩管理，能够有效保证学生对校规校纪的遵守，引导学生将注意力集中在学习上。

（六）助学管理

学生助学是指高校为保证贫困学生正常完成大学学业所采取的资助贫困学生学习和生活的政策与措施，包括发放奖学金、减免学费等。当前，我国高等教育的形势发展已经发生了很大的变化，主要体现为高等教育已经进入大众化阶段，正逐步走向普及化。在这种新形势下，高校贫困生问题显得非常突出。国家十分重视贫困高校学生的助学问题，不断加大财政支持力度，提高助学金水平，同时还不断扩大助学对象的范围，实现对高校学生的全覆盖。因此，对于高校来说，贫困学生的助学工作，也是高校学生管理中的一项重要内容。

（七）就业管理

对于高校学生来说，其在学习生活结束之后就要面临就业问题。保证学生能够顺利由学校向社会过渡，就是高校学生就业管理的主要目的。因此，对于高校学生的就业管理来说，其主要以毕业生为对象，具体的工作包括毕业生的就业指导、思想教育以及各种与毕业生就业相关的工作，如毕业生劳动派遣等问题。尤其是在目前，高校毕业生的就业形势较为紧张，因此各个高校都将学生的就业放在学校工作中的重要位置，积极采取各种措施为学生提供就业指导与帮助。为了更好地服务和管理学生，高校还专门设立了学生就业指导中心等专门机构，安排专门的教师负责解决学生就业的相关问题。

此外，高校学生管理工作还包括其他学生工作管理，如共青团工作、学生会工作、大学生社团工作等方面的管理。

总之，高校学生管理的内容十分丰富，其管理方法多种多样。学生管理是高校管理工作中必不可少的重要组成部分，是学校培养合格人才的必要条件。通过正规而有效的管理使学生养成良好的学习习惯、生活习惯和行为习惯，具有基本的自立能力、自治能力、独立生活和工作的能力，使学生愉快地学习，健康地成长，成为社会主义事业的建设者和接班人是高校学生管理的目的。

三、我国高校学生管理的基本理念

高校学生管理的基本理念是对高校学生管理规律的认识和对实践经验的高度概括，是高校学生管理必须遵循的基本指导思想。教育部颁布的 2017 年修订的《普通高等学校学生管理规定》（中华人民共和国教育部令第 41 号）明确指出：高等学校要坚持以立德树人为根本，以理想信念教育为核心，培育和践行社会主义核心价值观，弘扬中华优秀传统文化和革命文化、社会主义先进文化，培养学生的社会责任感、创新精神和实践能力；要坚持依法治校，科学管理，健全和完善管理制度，规范管理行为，将管理与育人相结合，不断提高管理和服务水平。因此，高校学生管理应该坚持人本管理、科学管理、服务育人、依法管理的基本理念。

（一）人本管理

理性化和人性化一直是管理发展中的两条重要线索。科学管理理论是理性化管理的典型代表，并长期居于管理思想的主流。20 世纪二三十年代以来，随着人际关系理论以及行为科学的发展，人文主义逐渐占据管理思想的重要地位，人性和个人价值得到普遍认同。人本管理要求在管理活动中始终把人放在中心位置。在手段上，着眼于所有成员积极性的发挥和人力资源的优化配置；在目的上，追求人的全面发展以及由此带来的效益的最优化。

在高校学生管理工作中，坚持人本管理理念就是要以学生为本，就是要树立现代学生观，尊重学生的主体地位，促进学生的个性化发展，实现学生的多样化评价。在实际工作中要尊重学生的主体性、差异性、丰富性、独特性，把学生当作有血有肉、有生命尊严、有思想感情的人；以学生成长成才为中心，真正尊重学生、理解学生、关心学生、引导学生。

高校人本管理要做到以下三点。

首先，尊重学生主体需求，促进学生成长成才。要区分不同类型、不同层次学生的特点和需求，分层次、分阶段做深入细致的教育、管理和服务工作，建立起帮助学生成长、解决学生困难、方便学生办事、维护学生权益的高校学生管理工作体系，让学生受到最好的教育。为此，高校学生管理工作者必须从学生的需求出发，把工作的需求与学生的成长成才需求紧密结合，把学生的当前需求与长远需求紧密结合，把学生个人的需求与群体的需求紧密结合，把表面的物质需求与深层次的精神需求紧密结合，努力培养德才兼备、品学兼优、知行合一的社会主义建设者和可靠接班人。

其次，体现学生的主体参与，实现学生的自主发展。就是要充分发挥学生的主体作用，引导学生参与管理实践，使学生成为管理的主人。学生参与管理的主要平台有学生会、班委会、团支部、社团联合会等学生组织，可以通过学生干部定期换届等方式，努力让每个学生都有机会参与管理。在就业管理、安全管理、资助管理等工作中，也要充分调动学生的积极性，引导学生参与相关政策制定和实施，真正实现管理依靠学生。

最后，实行民主管理。推行民主管理，尊重学生的主动性和首创性是人本理念的重要体现。为此，不仅要增强管理者和学生的民主管理意识，更要完善民主选举、决策和监督等民主管理运行机制，畅通民主管理渠道。

（二）科学管理

科学管理的实质在于将实践积累的管理经验加以标准化、系统化、科学化，用科学管理代替经验管理。科学管理的主体思想包括三方面：第一，科学管理注重效率，提高劳动生产率是科学管理的中心问题，是确定各种科学管理原理和方法的基础；第二，在管理实践中建立各种明确的规定、条例、标准，使管理科学化、制度化是提高工作效能、达到最高工作效率的关键；第三，科学管理不仅在于具体的制度和方法，还在于重大的精神变革。

高校学生管理工作中的科学管理，特征是规范化、制度化和模式化，其价值核心在于提高学生管理的效率，强调建立完备的组织机构、详细的工作计划、严格的规章制度、明晰的职责分工，强调加强管理的程序化和采用物质激励、纪律约束与强制措施来管理学生。在这种管理方式下，大学生的学习模式、纪律制度、行为准则、运作程序都实现了规范化；信息传递、各项学习生活实现了程序化。高校最大限度地引导学生接受正确的价值取向，实现了管理效能的最大化。

（三）服务育人

高校学生管理说到底就是为大学生的全面发展和健康成长服务的，而不仅仅是为了管学生，更不能仅把学生看作管理的对象。只有树立了管理就是服务、管理就是育人的理念，才能从根本上转变高校学生管理的态度、思路、方法和作风。2017年，中共中央、国务院印发的《关于加强和改进新形势下高校思想政治工作的意见》中明确指出，高校要把思想价值引领贯穿教育教学全过程和各环节，形成教书育人、科研育人、实践育人、管理育人、服务育人、文化育人、组织育人长效机制。

第一，要强化服务意识，着力解决学生最关心的实际问题。高校学生管理涉及关乎学生切身利益的诸多方面，比如学业问题、就业问题、家庭经济困难问题和心理问题等。管理者要高度重视解决学生的这些实际问题，让学生感受到关怀与温暖，为其接受管理者的教育与引导奠定感情基础。在解决实际问题的过程中，注重和解决思想问题相结合，既办实事又讲道理，坚持管理与教育相结合，做到既关心人、帮助人，又教育人、引导人。

第二，在实施管理时要注意学生的情感因素，注意制度的刚性和管理的弹性。学生管理是做"人"的工作的，人是有理性、有感情的。无论教育手段多么先进，也不能替代面对面的思想沟通；无论传媒手段多么发达，也不能替代人与人之间的感情交流。正是思想沟通与感情交流，才使得管理产生融洽和理想的效果，才能调动学生的积极性和主动性。此外，高校在管理时要考虑每个学生的具体情况，采用学生最容易理解和接受的方式来实现管理。这样才能让学生乐于接受制度规范要求，主动地内化为自己的行为准则，从而形成良好的行为习惯和品质。

第三，要营造良好的管理氛围。良好的管理氛围不仅要求管理者对学生要真诚、尊重、理解、关怀和信任，同时更要求管理者时刻注重自身形象，把形象育人作为管理育人的重要方式。要建立全员育人的机制，形成全员育人、全程育人、全方位育人的格局。要创造丰富多彩的校园文化，校园文化具有丰富的内涵，对学生有潜移默化的教育和引导作用。校园文化活动能使学生的业余生活更加丰富，能力得到锻炼，才干得到发挥，素质得到提高，使学生在浓厚的校园文化氛围中，身心愉悦，拓宽视野，获得全面、均衡的发展。

（四）依法管理

依法管理是依法治国方略在高校学生管理中的具体体现。高校学生管理中强调依法管理，是指高校学生管理必须要以法律为依据，符合法律要求。也就是说，高校学生管理过程中的决策、计划、组织和控制，都必须纳入法律轨道，不能违法违规。高校学生管理坚持依法管理，是高校学生管理自身的发展需求。一方面，管理对象发生了较大变化，大学生的维权意识显著增强；另一方面，管理工作面临诸多新情况、新问题，比如国家助学贷款违约、学生就业签约违约、在校学生结婚、学生意外伤害或死亡处理、学生心理问题及隐私保护等。这些新情况、新问题对大学生的依法管理提出了迫切要求。

首先，要增强法律意识，加强法律知识学习。中华人民共和国成立以来，国家制定了《中华人民共和国教育法》《中华人民共和国高等教育法》《中华人民共和国教师法》等关于教育的法律，还颁布了《中华人民共和国学位条例》《普通高等学校学生管理规定》《教育行政处罚暂行实施办法》等200多个法规、规章，基本形成了以《中华人民共和国教育法》为核心的关于教育的法律法规体系。高校学生管理者不仅自身要认真学习、理解这些法律条文，做到关键问题心中有数，疑难问题随时查询，同时，还要注意引导学生积极学习各种常用的教育法律、法规和规章，了解自己的合法权益、义务，增强学生依法维权和依法履行义务意识，养成良好的学法、守法的习惯，为学生适应社会、推动国家法治建设夯实基础。

其次，要以法律为准绳，依法制定适用于学校实际的内部具体规章制度。目前，高校学生管理的一般性法律法规已经比较健全，但是不同类型、不同层次、不同地区的高校有着不同的学生管理具体实际，需要按照2017年修订的《普通高等学校学生管理规定》（中华人民共和国教育部令第41号）等法律法规，制定适合学校实际的内部具体规章制度。

最后，要严格遵守法律法规。要把对学生的规范管理与对学生合法权益的有效维护结合起来，既严格要求，又要充分尊重和平等对待。尤其是在处理违规违纪学生时，一定要做到事实清楚、证据确凿，使用法律法规正确恰当，处理程序符合相关法律规定。做到不滥用职权、不越权、不以权谋私，公平公正。

第四节　我国高校学生管理现状

一、高校学生管理工作取得的成绩

（一）教育法治化建设日臻完善

教育法治化建设是社会主义法治建设的要求，也是教育管理自身的要求。随着民主法治理念的普及和个人权利意识的增强，原有的高校学生管理思想、管理模式、管理方法越来越不适应形势的变化和发展。在社会法治化建设过程中，教育法律体系进一步完善，大学生的权利意识有了很大的提高，他们不再是简单地服从于学校管理，不再是完全遵从学校强加给自己的各种规章，而是有着不断高涨的权利诉求，他们需要更多地从学校获得自由和保护。当某些权利诉求不能获得公正、公平的处理对待或者大学生认为没有获得应有的权利时，他们会开始利用各种方式来维护自己的利益，高校学生管理工作的权威性也会受到前所未有的挑战。

（二）高校学生管理中服务育人的理念开始形成

在坚持马克思主义关于人的发展学说和我国教育方针的指导下，高校学生管理广泛吸纳思想政治教育学、高等教育学、高等教育管理学和心理学等学科的研究成果，逐步丰富了学生管理工作的理论基础。在实际工作中，开始重视对高校学生特征、学生思想的研究，注意考虑学生的心理需求和尊重学生个人的正当利益，在重视对学生规范和控制的同时，开始形成学生成才服务的管理观念，体现了以人为本和贯彻落实科学发展观的管理理念。

（三）高校学生管理有了相对独立的较为系统的内容体系

随着社会的发展，高校内部管理体制和教学改革不断深入，加上学生个性特征的变化，高校学生管理工作出现了大量新的具体事务。如贫困生的出现，带来了学生生活保障的问题，并由此产生了学生困难补助、助学贷款、勤工助学等事务；弹性学分制的推行，导致了学生班级结构被打散，宿舍、社团等作为新的"育人阵地"开始备受关注；大学生自主择业的实施，使就业指导、职业规划指导、就业信息收集与发布等服务项目应运而生；来自就业的压力，使学生对于社会实践经验、实践能力的要求增大，从而使大学生社会实践活动备受青睐。

除此之外，由于经济压力、学习压力、就业压力、人际交往压力等导致学生心理问题凸显，在学生管理工作中必须加强对学生的心理辅导和咨询的力度；学生缴费入学，导致学生作为消费者的主体意识不断增强，对学校的育人环境、学习和生活条件以及学校管理的参与权等有了新的更高要求，如何提高学校管理的民主性及扩大学生的参与成为学生管理工作的新问题。由此，学生管理工作初步形成了既有规范、又有指导、也有服务的较为系统的内容体系。

（四）高校学生管理工作专职辅导员队伍建设取得了一定成效

各高校通过多种途径引进人才担任专兼职辅导员，不断壮大学生管理工作辅导员队伍；同时鼓励和引导专职政工干部继续深造，攻读研究生，大大改善了专职学生工作人员的学历结构。同时，教育部和地方教育部门以及各高校还通过举办各种专题培训和研讨会，如心理咨询培训、新上岗辅导员培训、思想政治教育理论研讨会等，不断提高学生管理工作专职人员的理论素质，使高校学生管理工作队伍的建设取得了一定成效。

二、高校学生管理工作存在的主要问题

社会主义市场经济和高等教育改革的发展，在给高校发展一个相对宽松环境的同时，也给传统的高校学生管理工作带来了严峻的挑战。由于教育管理的特殊性，近年来校方侵权案件不断。随着高校被学生起诉案件种类的增多，诉讼类型也从以往的民事纠纷转变到行政诉讼。这一方面反映了新时期学生的权利意识得到了普遍的提高，一直处于行政弱势地位的学生也开始认真地对待权利并为获取权利而斗争；另一方面也反映了目前高校在管理过程中确实存在着一些亟待解决的问题。

（一）学生管理工作缺乏创新

高校学生管理工作必须结合当代大学生的生理与心理特点，符合教育规律和大学生成长规律，通过落实以学生为中心的管理理念，引导大学生充分发挥

自身主观能动性，创新管理方法，增强高校学生管理工作的效果。但是，在部分高校的学生工作中，尚存在着管理理念陈旧、管理方法缺乏创新等问题。在有的高校学生管理工作中，由于缺少多种管理元素的配合协调，特别是没有调动学生参与管理的积极性，无法实现高校学生的自我教育、自我管理以及自我监督，因而影响了全员育人、全过程育人、全方位育人的效果。

（二）高校学生就业管理存在的问题

归纳而言，影响高校学生就业数量与就业质量主要有三个层面的因素，即学校层面、教师层面和学生层面。

1. 学校层面

（1）专业设置与市场需求匹配度不高

高校学生所学的专业直接与毕业生就业相关联。若毕业生所学专业符合社会经济发展需求，则应聘到合适的目标岗位就比较容易；反之，则会造成就业难、就业率低等问题。我国高校整体专业设置类别与教学模式缺乏创新性，而且高校内部缺乏有效的机制去应对市场变化，进而不能够适时调整专业设置。

（2）师资队伍建设投入不够

我国高校教师结构复杂，师资整体水平跟不上学校的发展需求；并且学校每年对师资队伍建设的投入不够，导致教师不能实时更新教学理念与教学方法，进而导致教学效果和学生培养质量得不到有效保证，使得毕业生在激烈的就业竞争环境中处于劣势。

（3）校企合作深度有待进一步提升

深入产学研合作教育，加强学校与企业的实质性合作，是解决高校毕业生就业质量问题的关键。学校与企业之间深层次合作的基本要求是实现以下两个方面的有效融合：专业理论知识与企业岗位实践有效融合；课程理论知识与企业的生产、研发以及销售现状有效融合。高校希望通过学校与企业之间的基于实际展开的一系列合作，能够在实践中培养学生运用所学知识解决实际问题的能力，提高学生综合职业素养与就业竞争力。然而，大多数校企合作经验不足，加之部分高校对此项工作未能给予高度重视，导致校企合作深度不够，未能达到预期目标。

2. 教师层面

受限于自主学习意识不足以及高校对教师培训学习的重视度不高，导致教师的教学理念与教学模式得不到及时更新，影响教师教学工作效率与管理质量。

局限于追求短期经济效益最大化，高校的管理者不注重对教师职业技能的培训与提升，导致其所配置的学生管理机构在人员素质与管理水平等方面存在不足，进而影响其办学质量。

3. 学生层面

高校整体的生源层次较为复杂，高校学生的水平参差不齐，部分高校毕业生在文化基础、学习能力、学习态度以及思想素质等方面存在不足，最终会影响毕业生就业质量。

同时，就业竞争本质上是求职者综合职业素养层面的竞争。高校学生为了持续保持职业竞争优势，需要提升综合职业素养。现阶段，高校主要还是以学习成绩为主要考核标准，不太重视学生综合能力的考核。

（三）高校学生档案管理工作存在问题

近年来，我国整体普通高等教育处于高速发展期，为国家和社会培养了大批高学历实用型人才。随着高校学生人数的不断增加，高校学生档案管理工作的重要性日益凸显，其中所存在的各种各样的问题和矛盾也随之显现。

1. 缺乏有效的管理理念

首先在高校学生的档案管理工作中，部分高校仍沿用传统管理理念，一些档案管理工作人员缺乏全局性思维和服务性思维，使得学生档案管理工作一直被忽视。某些高校档案管理工作者的主动性不强、严谨性不够，对待具体而繁杂的资料收藏整理缺乏耐心，从而导致了学生档案资料在建档、归档、检索及使用的过程中出现信息错误、资料不齐全和更新不及时的种种问题。甚至部分档案管理工作人员还片面地认为，学生档案管理工作就是学生信息收集、分类、归档和储存的简单的管理过程，管理思维仍旧停留在被动管理的层面，缺乏充分有效地利用档案资源开展对高校学生更有针对性的管理服务的工作理念，造成了学生档案信息资源未能发挥作用的被动状况。

2. 高校学生对档案的认知较少

学生对于档案的重要性认知不足，部分学生对于档案漠不关心，有的甚至是毕业好几年了，档案仍然放在学校或是放在家里，很容易丢失损坏，进而在参加工作时带来诸多不利影响，面临诸多麻烦。

3. 高校学生档案管理制度不健全

现阶段，某些高校并未形成一套健全而规范的学生档案管理制度。目前一些高校进行学生档案管理的方法较为陈旧落后。此外，由于部分高校对于学生档案管理工作的重视程度不高，因此没有聘用专业的管理人员，导致档案管理人员的整体素质和专业水平均不高，管理人员缺乏档案管理的专业知识和技术水平，导致管理工作不能达到较高的管理水平，从而使得管理效率以及管理规范程度较低，这对学校的管理工作以及学生档案的安全性保管工作均会带来较大的影响。

4.缺乏管理技术支持

互联网信息时代，大学生的档案信息内容也非常丰富，对于学生档案的录入工作也相当烦琐，而部分高校没有有效结合互联网的优势，没有充分利用高科技技术为学生建立完善的电子档案管理系统等，反而更注重传统的人工管理，不能够顺应时代的发展和需求，使得学生档案管理工作存在较大的弊端，降低了整体的管理水平。

（四）传统管理模式无法适应当代高校学生管理

传统的学生管理模式经过长期的工作积累也有一些值得保留和借鉴的管理方法和手段，但是由于社会不断发展、进步，传统的学生管理模式渐渐无法适应学生工作的需求和变化。从实际来看，绝大多数的高校学生管理工作都在重复一些事务性工作，只是管人、管事，没有创新，按部就班。管理者是学生管理工作的主导者、指挥者，在高校学生管理当中认为自己是执行官，学生是被指挥者，在这样陈旧的管理模式当中，会带来诸多的负面影响。管理者所追求的就是管住学生、别出问题，采取管理、管理、再管理的方式对待学生。正是这种强硬的管理方法激发了学生的过激行为和叛逆情绪，造成了很多不良后果，给学生带来严重伤害。

一些高校学生管理者还存在过度追求强压式管理方法，只懂得指挥学生，不懂得引导学生，与学生沟通少，不能及时地解决学生困难的问题。某些管理者总是在出现问题后才解决问题，这是导致学生管理工作走向效果差、效率低的最终结果的主要原因。因此，高校学生管理工作者应面对新形势，适应环境发展，学习新的、科学的管理方法来教育管理学生，提高学生管理工作效率。

（五）网络环境中学生管理工作难度加大

当今的社会是信息化社会，世界的距离因为互联网的存在而缩小。随着网络技术和信息技术的快速发展，校园网络在高校中得到了广泛普及，互联网对大学生的学习、生活及思想观念产生了广泛和深刻的影响，并改变着大学生的生活、学习方式。学生的思想发生了变化，他们接触到了学校外面的新思想。

这使得高校学生管理工作更加复杂和多变，也加大了高校学生管理工作的难度。在实践教学中，一些大学生缺乏一定的自律能力和辨别能力，很容易沉溺于虚拟的网络世界中不能自拔，还容易受到一些网络思想的影响和诱导，从而出现一些极端的言行，走上错误的发展道路，甚至是荒废了学业。

因此，在高校学生管理工作中，一定要加强对学生的引导和教育，让大学生树立正确的网络意识，合理地使用网络资源，促进他们更好的发展。

（六）学生管理队伍无法保障学生管理工作有效开展

高校学生管理队伍人员配备不足制约着学生管理工作的成效，给高校学生管理工作带来了巨大难题。辅导员在各基层单位的分布不够科学、不够均衡，使高校辅导员的工作量显著提高，在有限的时间和精力范围内无法高效率地开展工作，力不从心，没办法做到经常与学生交流沟通，更无法为有问题的学生进行疏导和教育。首先，部分进行学生管理的基层工作人员的知识储备和综合能力无法与高校学生管理工作需求相适应，其中很少有人经过专业的培训，缺乏自我提升的锻炼机会，很难做到与时俱进、不断提升自身业务能力水平。其次，高校学生管理工作者年龄相对较轻，社会阅历和人生经历较少，在与学生沟通和交流的过程当中欠缺经验，不够老练，使学生管理工作效率大大降低。

以上问题都是导致高校学生管理工作管理效果不佳、管理力度不够、管理成果不多的原因。高校的学生管理工作错综复杂，都是细节工作，更是重点工作，涉及学生和学校的方方面面，不容小视。由于现行的管理方法缺乏科学性、合理性，没有重视服务管理，使学生管理者身陷困境，疲于事务性管理工作，使其工作过于注重形式，很大程度上影响了高校学生管理工作队伍的工作效果。

三、新时代我国高校学生管理创新的路径与内容

新时代高校学生管理创新要通过引导学生实现自我管理、探索网络信息化管理以及加强管理队伍建设三条路径来实现。

（一）以学生为本，引导学生实现自我管理，推进高校学生管理创新

没有管理的教育和没有教育的管理都是软弱无力的。教育离不开管理，管理是为了教育。正是因为高校学生管理工作与人才培养的这种特殊关系，使得高校学生管理创新的路径有别于一般管理工作，它客观上要求用全新的管理理念作为指导。理念是反映对象深层次本质和规律的观念，教育理念是关于教

育基本问题的深层次本质和规律的观念，具有理想性、持续性、统合性和范式性的特点。新时期的高校学生管理理念要契合科学发展观的价值尺度，追求以人为本的管理。以人为本的实质就是尊重学生的发展特点和规律，尊重学生的人格个性，创建学生思想政治教育的良好环境，建构和谐的师生关系，培养素质全面、个性优长的创新人才；其关键是要正确发挥学生的主体性，尊重学生学习主体需求，使思想政治教育活动忠实于教育本身的内涵，根据不同的学生施以不同的教育，使学生的潜能得到充分的发挥，形成一种积极向上的内在的力量。

开展高校学生管理工作不是管理人、约束人、控制人，而是创造条件培养人，通过有效的培养发展人。在这种方式中，学生本身既是管理者，又是被管理者，学生在这种角色转换中大大提高了自我管理的积极性，特别是增强了学生的自我约束、自我管制能力，在学习知识的同时锻炼了自己，既学到了知识，又学会了做人，增强了学生的主体意识和责任感。

（二）运用网络实行信息化管理，推进高校学生管理创新

在创新管理方式、方法和手段的过程中，要注重运用网络实行信息化管理，充分利用现代科学技术手段，针对不同时期高校学生管理发展新情况和新趋势，开发管理平台，整合管理资源，实现网络化、数字化管理。借助网络实现信息化管理，能够变封闭式管理为开放式管理，进一步加强管理与思想政治教育的融合，与学分制等学校管理制度的配合，与社会管理的结合。同时，通过网络实现信息化管理，也是促使高校学生管理变单一管理为综合管理，把管理与服务紧密结合起来，以服务促管理的有效途径。在管理方法创新方面，要充分发挥网络虚拟互动平台的作用，实现师生有效互动，变说教为参与，变灌输为交流，变命令为引导，创造学生主动参与的全新工作局面。同时，在管理手段创新方面，当前最为重要的是通过网络信息化促进实行法制化的规范管理，建立合理的程序机制。

（三）加强管理队伍建设，推进高校学生管理创新

加强学生管理人员队伍建设是确保管理工作顺利开展的重要保障。随着新时期社会形势的变化，高校学生管理工作也发生了许多变化。学生管理工作的一些职能转化了，一些职能弱化了，一些职能需要强化了。学生管理工作由过去重管理向现在重教育、咨询、服务转化，心理健康教育、经济困难学生资助、助学贷款、就业指导等高校学生管理工作职能必须得到强化才能适应形势需要。

同时，大学生群体的思想问题和实际问题也更加复杂化、多样化，这就需要管理工作队伍凭借智慧、知识和技能形成"专家化"的本领。所以，从高校学生管理工作的发展趋势来看，高校学生管理工作队伍必须走专业化道路。就当前高校学生管理工作队伍而言，虽然在政治素养、敬业精神、个人品德上是合格过硬的，但在驾驭、解决实际问题的能力和本领上还与现实要求有较大差距，在不同程度上存在着"本领恐慌"。一些管理工作者带着固有的陈旧观念和思维定式面对学生，不了解也不理解当代学生与以往迥然有别的内心世界和真实想法，甚至难以与学生沟通，形成了代沟和隔膜。

一些管理工作者虽充满热情，但缺乏相关的基本训练和专业知识，甚至在信息的获取和熟悉上还不及学生，难以对学生产生真正有效的指导。显而易见，一些管理工作者解决不了学生面对的实际困难，也解决不了学生的思想问题。因此，需要有专职从事学生管理工作的人，通过专业化的方式担当起新时期学生管理工作的重任，以工作的专业化带动队伍的专家化。要超常规选拔人才，高起点聚合精英，不拘一格，广纳贤才，培育一支数量足、素质高、业务精、能力强的专业化学生管理工作队伍。

新时代我国高校学生管理创新的主要内容包括以下三点。

1. 突出高校学生管理中的育人功能

高校学生管理不是单纯地为了管理而管理，而是为实现国家培养人才的目标服务的。从这个意义上讲，高校学生管理的目的就是培养国家需要的德、智、体、美全面发展的人才，管理的目的就是育人。因此，高校学生管理创新的内容，应充分重视育人功能的发挥，突出以育人为目的和指向的管理内容。以育人为目的和指向的管理，一方面应体现在高校学生管理过程中的人、财、物等资源配置的方方面面，另一方面应体现在对大学生进行教务管理、安全管理、行为管理、群体组织管理、就业管理、资助管理等由学校各部门分属管理的方方面面。只有在这些方面充分发挥管理中的育人功能，才能实现高校学生管理的创新。这就需要在高校学生管理中处理好管理与思想政治教育的关系，将高校学生管理与思想政治教育有机地结合起来，自觉地遵循教育规律，重视发挥思想政治教育在树立大学生正确的世界观、人生观和价值观方面的作用，实现科学管理和有效管理。

2. 完善高校学生管理中的规章制度

高校学生管理创新只有成为基本的管理规章制度，长期坚持、不断完善，才能推动管理工作不断迈上新台阶。高校学生管理工作要创新，必须以科学高效的工作规章制度作为基础性的客观保证。在规章制度建设方面，除了国家制度层面的保障外，高校自身也必须努力创新学生管理工作制度，真正在学生管理工作领域形成一套宽容有序、落实有力、鼓励创新的工作制度，为学生管理工作走上创新之路提供可靠的保证。这不仅仅是一个为完善规章制度而进行制度设计的问题，更是一个在严格执行现有制度的基础上，在高校学生管理的日常工作经验的不断积累和实践过程中的完善和创新。因此，高校学生管理要牢固树立依法治校、依法治教的法治观念，通过正当程序控制学生管理过程，规范权力运行程序，彻底避免学生管理运行的无序性、偶然性和随意性，保证管理行为的合法性和高效性。

3. 健全高校学生管理中的服务体系

高校学生管理的对象是青年大学生群体，不仅涉及大学生的生活、学习，而且涉及大学生社会实践和求职就业等方面。大学生活动的范围、领域、内容、目的都随着时代的发展和要求而不断地呈现出新的发展和变化，影响大学生的各种因素也相对复杂。这就要求高校学生管理不能仅仅是管理者的管理、单纯的事务性的管理，而更应该是作为被管理者的青年大学生主动参与的管理、全方位服务性的管理。因此，高校学生管理要强化和健全管理运行中的服务体系，积极健全管理中的服务软件和硬件体系。一方面，要进一步解放思想，深化对管理的认识，树立服务意识和服务观念，在高校学生管理中不断提升服务水平，营造管理育人、教书育人、服务育人的各部门齐抓共管的良好局面。另一方面，要加大投入和研发力度，充分利用网络信息技术平台，实现网络化、信息化、一体化的教务、安全、就业等服务平台，引导大学生主动参与到管理中来，最终实现自我教育、自我管理和自我服务。

第五节　中外高校学生管理模式

一、国外高校学生管理模式

国外高校学生事务或者说学生管理工作，以立法和组织的形式让学生通过多种方式参与学校管理。

（一）美国高校学生管理模式

美国高校的学生管理工作，更加强调人文理念及学生参与。在美国的多数高校中，非教师职务的管理人员，通常会超过教职工总人数的 50%。其中多数管理人员，承担着专业顾问的工作职能。其工作理念是以学生个性发展为中心。在具体的工作中，专业顾问会为学生开展心理辅导、助学辅导以及针对留学生群体的生活辅导。同时，美国高校极为关注学生群体的自我管理，并会在学生宿舍内设置学生管理员。通常情况下，大学生宿舍部门中的教职员工与学生管理员之比为 1 ：4。

（二）德国高校学生管理模式

大学生事务局是德国大学生管理工作的主体部门。大学生事务局是公营性质的社会部门。其管理机构分为两级，分别由联邦政府与州政府管理。在具体工作中大学生事务局会实施企业化管理，并为学生提供食宿、就业、生活服务等层面的管理工作。大学生事务局与德国高校不存在隶属关系，二者的工作泾渭分明。在这一体制内，高校负责学术事务，而学生的生活管理全部交由大学生事务局负责。这一管理模式的主要优势在于：工作责任明确细分，高校可专注于学术研究。

（三）英国高校学生管理模式

导师制是英国高校学生管理工作的主要模式，该模式起源于牛津、剑桥等高校。英国的教育理念是，大学生群体具备较强的求知意愿与自我管理能力，因此高校应给予大学生充足的自由空间，从而使其主动将自我意识融入社会体系。在这一教育理念的引导下，英国高校将学生管理工作集中在学术指导与人格构建的层面上。导师制的应用，扩展了专业教师的教学范围。通常情况下，英国高校的导师会结合言传与身教塑造学生人格，并在此基础上传播专业知识。通过这一模式，导师与学生的联系将更加紧密。

（四）其他国家的高校学生管理模式

立法是学生取得合法性权力的最主要方式，许多国家在高等教育法规中对学生权力做出了规定。如法国于 1968 年颁布的《高等教育方向法》规定，大学各级机构都要保障学生的正当权益，学生可以通过发表言论、参加学校组织、游行示威等方式行使自己权力，当自己正当权益受到侵害时还可诉诸法律。

西方发达国家大学生大多成立各类学生组织以维护自己的权益，行使自己的管理权力。这些学生组织种类繁多，其作用和影响多种多样，我们这里讨论的是以学生为主体组成的授权参与学校管理或代表学生能对学校管理产生影响的学生组织。最早的学生组织要算中世纪大学的"同乡会"，这种同乡会就是中世纪"学生大学"的管理者。各国一般都有全国性的学生组织——学生联合会，这种组织曾在 1968 年法国"五月风暴"中起领导作用。英国的全国学生联合会成立于 1922 年，在向高等院校争取学生权益中表现非常活跃。此外，学生联合会担负了很大部分的学生事务工作。

二、国外高校学生管理模式的启示

近年来，随着对国外高校学生管理工作的研究不断发展，国内高校学生事务会议上关于学生发展理论与实践的探讨越来越多，国外高校学生管理工作的模式对我国高校学生管理工作的启示包括以下几点。

（一）管理人员素质要提高

国外高校一般都具有一支有相应学历、层次分明的专职学生管理队伍。管理者多为教育学、心理学专业毕业生，根据学生事务工作者的特长，分工比较明确。如在美国，学生宿舍管理者都是专职管理人员，集管理、教育、服务三位于一体。我国目前高校学生管理最大的问题是管理人员数量不够，质量不高。教育部规定各高校原则上可按 1 ∶ 120 ～ 21 ∶ 150 的比例配备专职学生管理工作人员，但我国高校大多学校学生辅导员达不到此标准。另一方面，部分高校将轮岗中无处可去又缺乏专业素质的干部安排到学生管理岗位上，这部分人缺乏基本的业务素质，对法治化的学生管理知之甚少。因此，高校应从结构上优化管理队伍，适当增加有心理学、教育学背景人员的比例；建立相应的考核晋升体系，提高学生管理者的积极性；适当扩充学生辅导员队伍等。

（二）管理程序要规范

管理过程中的正当程序是相对人权保障的基本要求。在管理过程中如没有正当程序，受教育者在学校中的机会均等就难以实现，其合法的请求权、正当的选择权、合理的知情权就难以得到保障和维护。美国的程序法学派认为：把程序制度化，就是法律。正当程序是法治理念中的重要内容，程序公正是现代司法的核心理念。不能因一味地追求结果公正，而忽视了过程公正，不能因一味地追求效率，而忽视了结果公平，程序公正是结果公正的保证。例如，学校依法行使自主管理权对违规学生处罚时，要对学生的解释和申诉程序、学生管理部门的调查程序、专门委员会听证并做出处罚建议的程序、校长裁决及做出行政决定的程序、具体实施处罚的程序等进行规范说明。由于我国传统的管理思想和管理体制的落后，高校管理的实践进程不可避免地出现新旧观念、价值矛盾和权利的冲突。传统的高校管理工作正经历一场适应整个国家法治发展进程的深刻变革。面对高校管理所遇到的前所未有的挑战，我们必须采取措施，用法治的理念和精神来回答和解决实践中产生的各种问题，建立并不断完善管理体制，规范高校管理秩序，尊重和保护学生的权利。

（三）多元化学生管理模式的借鉴

世界上各个国家都会因为文化环境、文化背景以及文化精神上的差别，在高校学生的管理上呈现多种多样的管理模式，就算是在学生管理方面有着深远历史的英国、法国、美国、德国等国家，其国内的高校学生管理工作也有着多元化的模式。只是不论是从学生管理方式的社会化来讲，还是从学校内学生工作的管理方式来说，都有着一个共同点，就是分别按照自身的特征、功能来开展。

我国高校对于学生管理工作的开展还在慢慢摸索，不得不根据本校自身的实际情况而直接搬用一些管理方式。因为学校之间的校园文化以及办学特点都是不相同的，教学方式与理念也不一致，如果照搬必然会导致一些问题的发生，不按照自身的办学特色来制定的管理方式一定会导致冲突与矛盾。所以要制定一个符合自身多校区持续展开的学生管理工作方式，要依据办学特色与我国的国情、校情等真实状况，再学习国外成功的有关学生管理工作方面的经验，两者相结合来摸索出一个恰当的学生管理工作新方式，从而推动学校的整体发展。

（四）构建完善的学生事务管理理论体系

随着社会进步和学校管理工作的持续改革发展，国外高校的学生事务管理工作迈着稳健的步伐慢慢向更加成熟、更加专业的方向走去。在这方面的发展过程中，科学的管理理论引导在其中充分发挥了自身的作用，为国外高校学生管理工作提供了很大的帮助。

国外的高校对于学生自身发展这方面非常注重，他们学生事务管理工作的关键点就是其学生的发展，并且一直不间断地促进学生事务管理研究的理论化，最后产生了多种多样的学生管理工作职位以及对应职责；管理团队的专业知识与管理能力也逐步提升，进而形成了一个工作效率高、稳定运行的科学化学生工作管理机制。

因此，我国高校可以学习国外成功的学生事务管理理论成果，同时也要结合国内多校区高校自身管理工作开展的真实状况、办学特色、学生事务管理方式等多方面，研究出适当的管理理论，形成一个与学校自身特质相适应的科学

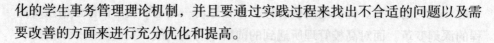

化的学生事务管理理论机制，并且要通过实践过程来找出不合适的问题以及需要改善的方面来进行充分优化和提高。

（五）以学生自我教育、自我管理、自我服务为主

国外的高校对学生开展自主组织这一点给予了很大的重视，并且支持、鼓励学生都能够积极踊跃地加入学生事务管理工作中来，在提高学生自我能力的同时还能够为学校出一份力量，一举两得。所以学校通常都会建立校内的相关由学生组成的学生会组织，学生们要经过一系列的考核、面试等程序来获得加入批准。

学生在加入学生会组织或者其他有关团体之后，不仅可以享用工作套餐、专有宿舍、专门的保洁卫生等多样化服务，而且还可以获得学生会组织定期给予的酬劳，学生自身也可以进行自主运营以及自主管理。建立这种学生自主管理的组织，既可以为学校减轻在学生事务管理工作上的压力和投入精力，还大大减少了在学生事务管理工作上的一些烦琐小事的解决时间，学生在为学校出力的同时还可以提升自身的自我管理、自我教育、自我服务能力。另外，困难生也能够通过参与学生会组织来增加一份经济收入，从而缓解经济困难带来的压力，也是高校学生事务管理工作的关键作用。因此，需要贴合国内高校的真实发展状态，探索出适合自身发展要求的自主型的学生自我管理模式，这对有效改善国内目前很多多校区高校学生事务管理工作会起到非常有利的作用。

三、对我国传统高校学生管理模式的反思

总体而言，自中国有高等教育以来，传统高校学生管理模式就是典型的行政管理模式。不管是清末的京师大学堂，还是民国的各类高等院校，概莫能外。特别是中华人民共和国成立后，国家对教育实行高度集中统一的计划管理，教育计划与国民经济建设计划紧密相连；学生就学全部免费，工作由国家包分配。高校学生工作的通常做法就是从学校的条条框框出发，要求学生去适应各种各样的规章制度和教育管理方式，各项计划和管理比较容易脱离学生实际。

（一）我国现代高等学校学生管理模式的历史沿革

在 1965 年以前，高校基本上实行"一长制"，即高校的管理制度，包括学生管理制度，即学校管理是由校级、系级、年级（班级）三级组成的。一长由校长、系主任、年级主任（班主任）在各级发挥管理职能。后虽几经反复，但在组织机构的设置上，基本上无重大变化。组织机构的基本形式是采取直线

职能参谋型组织结构，比如当时，学校独立的学生行政管理部门，每个行政处都兼有管理教职工和学生的行政职能，系级的学生行政管理机构，主要由系办公室负责，履行行政管理职能，年级无专门行政管理机构，主要由政治辅导员充当学生中最基层的管理机构的代表。他们融党政于一身，集教育与管理于一体，构成了学校最基层的学生管理机构。当时学校虽无专门的独立的学生管理体制，但已具有的各级机构兼管学生管理工作，承担各种职能权限，形成了适合当时需要的学生管理体制。

1977 年高等学校招生制度的恢复，标志着中国高教战线进入一个恢复发展时期，而 20 世纪 90 年代中后期直至跨入新世纪，中国高等教育开始进入改革和发展的时期。纵观这一段历史，从高校学生管理体制来看，可以归纳为几种模式。

第一种模式：传统管理模式。学校学生管理工作由学校各部、处及有关机构各司其职，行使管理的职能。这一模式，在校级、系级、年级（班级）三级组织机构设置方面，沿袭直线职能参谋型组织结构，未增设新的管理机构。但在职能和权限划分方面，分权化的组织管理制度强化，促使整个管理工作有规律、有节奏地运转。

第二种模式：专兼管理模式。这一模式，是在校级设立专门的、独立的学生管理机构——学生工作部（处），在各院系设立学生工作组，有些学校则设立学生工作办公室，专门负责学生管理工作。少数学校在年级中还设立学生管理办公室。

目前，全国有许多高校采用这一模式，但学生工作部（处）这一机构的职能和权限划分却不尽相同，大体有三种情况。一是学生部（处）不仅负责学籍管理，还负责"奖、惩、贷"，配合有关部门负责校园课外活动秩序的管理，甚至承担了招生、分配工作。二是只负责部分学籍管理和就业工作，不负责招生工作。三是学生部（处）还负责部分后勤生活工作，如宿舍管理等。学生部（处）成为管理学生工作的主体部（处）之一，而其他有关部（处）兼有学生管理职能，整个学生管理工作呈专兼结合、齐抓共管的局面。

第三种模式：复合管理模式。高校建立学生管理工作指导委员会和学生工作领导小组，委员会下设实体性机构——学生工作办公室。办公室兼有协调、指挥各部（处）执行学生管理和思想教育的职能。而各部（处）在学生工作办公室的指导下，照常履行原来承担的管理工作职能与权限，院（系）与年级组织机构无重大变化。

（二）传统高校学生管理模式存在的问题

首先，高校与学生之间的关系定位为特别权力关系，在这种管理和服从关系模式下，学生成为师生关系中被动接受知识传授和管理的一方。除了按部就班地掌握本专业已经为他设定好的学习内容外，很少有机会按照个人的意愿和特点去自主学习，选择职业、工作地点等。

其次，过于强调外在规范管制，对学生自我约束的引导不足。目前，多数高校的校、院（系）、班三级学生管理的工作重心是用严格的校纪校规来规范、约束学生的行为。以一种管束学生的强制性态度和检查、监督的方式对待学生，而忽略了启发、培养学生的自我管理意识和自我约束能力。在这种管理方式下，学生缺乏参与管理的积极性和自我管理的主动性，那些外在的各种社会规范，不仅很难内化为他们的自觉意识，而且容易引发学生与管理者的冲突，影响师生关系的和谐，并使管理工作的效率大打折扣。

再次，传统的能力评价观束缚了学生的自我发展。传统的学生管理体现出要求整齐划一、大一统的思想倾向。对学生的评价、鉴定、奖励、就业推荐等一般是从相对固定的几个大的方面，以学生平均状况为基准划分等级。这种评价会给学生这样一个意识：考试分数高的同学就是能力强的学生，考试分数高就会有好的前途和更多的发展机会。这种重统一、轻个性的模式化管理目标显然不利于学生的充分、全面发展。

（三）传统高校学生管理模式下学生教育的特点

在传统高校学生管理模式下，高校学生管理者把所有学生当作一个整体，实行标准化、统一化管理，抹杀了学生的个性。受此影响，传统的教育模式习惯于让学生处于被动、从属地位，把学生仅仅当作受教育者，这显然不利于创新型人才的培养。在传统高校学生管理模式下，学生的教育培养呈现出以下特点。

第一，重知识轻能力。传统教育模式忽视学生能力的培养，对学生的教育评价缺乏科学性，使分数成为衡量学生的根本标准，造成了高分低能现象的出现。第二，重智育轻德育。传统教育模式过分地把学生的智力发展放在优先位置，甚至不惜降低对学生其他方面发展的要求，导致学生的发展不均衡、不全面。第三，重共性轻个性。传统教育模式对学生实行"规模化""批量化"培养，使许多学生的学习潜力得不到深入挖掘，同时又使许多学生受到强制性淘汰，得不到最适合自身的教育。第四，重程序轻结果。传统教育对同一年龄段的学生实行统一入学、统一毕业的"工厂化"教育模式，过分注重程序与步骤的统一，忽视了学生个体差异对学习成绩和教育效果的影响，不能做到因材施教、因类施教。第五，重灌输轻引导。传统的学生管理观念认为教师和学生之间是管理者与被管理者的关系，学生被要求无条件地接受高校的教育管理，学生的学习自主权得不到尊重。与此同时，高校在对学生的教育管理过程中，对一些日常性的事务管得过多，但对于学习方法、学生心理、就业择业观念等却缺乏必要的引导。

四、我国高校学生管理模式的创新

高校学生管理工作正面临着重大转型的压力，充满了复杂性，这决定了高校学生管理模式的多样化，必须进行管理模式的创新。目前高校学生管理工作存在的主要问题是忽视学生个体需要和发展需要，忽视学生的主体地位和情感联系，这就要求必须确立以学生为中心的管理模式，让学生管理学生。

（一）大类招生背景下高校学生管理模式的探索

当前，许多高校在本科教育中采用了按大类招生的培养模式，即在高考录取时不分专业，按大类进行招生，学生进校后经过一定时间的基础课程学习后，再根据自身条件和社会需求选择专业。这样可以使专业选择更贴近学生志愿，更能反映社会需求趋势。由于这种模式与目前高校实行的学分制改革紧密联系，在人才培养上具有一定的灵活性，符合当今高等教育教学改革的大趋势，因而被越来越多的高校所采用。

以往我们设置的专业划分过细、口径过窄、针对性过强，培养的学生思维较古板，创新性不足，已经难以适应现代社会大环境的要求。按大类招生及培养，能有效地在学校内部利用多学科的优势，克服原有院、系的框架，打通相邻专业的基础课程，实现多专业的有机组合。同时可以有效地使专业向复合型转化，进一步促进和加强新专业的建设，在学科或学科群的范畴里，对学生进行更全面的教育培养，以顺应科学技术发展综合化的趋势。但是，这种大类招生模式和高校普遍采用的学分制，给高校学生管理提出了新的要求和挑战。

在当前高校体制改革的新形势下，把ISO9000标准导入到高校学生管理评价中，是高校学生管理制度科学化、规范化的迫切需要。ISO标准是国际标准化组织（ISO）颁布的质量管理体系标准，它适合世界各类组织。贯彻ISO9000标准，就是通过控制组织的工作过程来保证组织的产品及服务对象符合法律法规和管理、技术规范等要求。高校学生管理组织是一个组织，管理及服务对象是学生，对学生的管理也是一个动态的过程管理。也就是说，高校学生管理工作是有组织、有对象、有过程的管理，因而适合ISO9000标准体系。

在当前高校内部教育体制改革的新形势下，把 ISO9000 标准导入高校学生管理评价中，一方面，首先应确立高校学生管理的质量方针，确立学生管理目标，然后再把目标转化成易于测评的指标体系。高校学生管理可被分解成五个"一级质量目标"：学生思想道德建设、学风建设、组织建设、纪律建设、后勤建设。以上五个目标下可细化为若干个子项，例如，组织建设可被分解为党组织建设、团组织建设等四个子项，各个子项可再细分为若干个目标指向，最后若干个目标指向再被分解为若干个点。高校学生管理组织以完成目标的点数来作为考评其学生管理成绩的依据。另一方面，对高校学生管理的认证，不是由学生管理组织本身认证，也不是由学生管理组织的上级组织认证，而是由隶属于国家质量认证中心的第三方权威评审中介机构来认证。高校学生管理与第三方评审机构的有机融合，可以有效地防止高校学生管理的盲目性和随意性，最重要的是这一改革引入了外审机制，由社会中介机构来评价高校学生管理业绩。中介机构不是学生管理组织本身，也不是学生管理组织的上级组织，他们以事实为基础，将高校学生管理作为审核对象进行评价、监督，有其客观性和公正性，能有效地推进高校学生管理工作的发展。

（二）依法治校，实现高校学生管理模式的法治化

总的来说，实现高校学生管理模式法治化的有效途径包括以下三方面。

1. 加快高校学生管理工作法治化进程

这是实现学生管理模式法治化的前提和基础。推进管理法治化是消除高校学生管理制度建设弊端和制度漏洞的有效手段。《中华人民共和国高等教育法》第十一条规定：高等学校应当面向社会，依法自主办学，实行民主管理。它明确了高校自主管理权的行使必须遵循法治原则。高校教育是对人的教育，对人的教育必须建立在尊重人的基础之上，而对人的尊重首先是对人权利的尊重。长期以来，教育道德化是我们一贯的教育理念。在教育过程中，权利的设置和运用常常只受道德标准的衡量与限制，而缺乏法律的规范。但在依法治国的环境下，高校与学生之间的关系已经不再是一种简单的管理者与被管理者之间的关系，而是一种对应的权利、义务关系。因此，我们应当将教育关系作为一种法律关系来看待，应当将尊重受教育者的合法权益作为教育者的首要义务，在行使教育管理权时，首先考虑的不应当是如何处置受教育者，而应当是这样处置是否合法、是否会侵犯受教育者的权利，真正将受教育者作为一个平等的法律主体来对待。这才是我们需要的一种符合时代发展要求、体现现代法治意识的教育理念。

高校学生管理工作的法治化需要管理者法律意识的提高。高校管理中有良好的法律意识是严格依法办事的重要前提，它可以促使管理者在依法行使自己管理职权的过程中，尊重和保护学生的法定权利，避免对学生的侵权。高校应该通过进行法学理论方面的专门化培训、敦促管理者自学等方式，培养管理者的法律意识，尤其是民主思想、平等观念、公正精神、法治理念等，从而使管理者自觉用法律法规来规范自己的言行，在管理工作中公正对待学生，尊重学生权利。同时，外聘一些专职司法工作者，组成学生法律援助组织和仲裁机构，并与司法部门建立联系，协同接受各类申诉，立案处理一些案件，形成法制化的育人环境。与此同时，还应加强高等教育法律理论的研究，加快高等教育立法的步伐，及时清理不适应时代要求的高等教育管理类法律、法规，解决目前我国高等教育某些方面无法可依和法律、法规严重落后于时代发展要求的现状。可喜的是，有关部门已经注意到教育管理类法律、法规、规章滞后于时代要求的问题并正着手予以解决。如《中华人民共和国民办教育促进法》已出台，该法的出台，使我国民办高等教育长期以来无法可依的历史宣告结束。

2. 建立正当的管理程序

这是实现高校学生管理模式法治化的关键所在。在具体的管理行为中，实现法治化的重中之重在于程序，实现了程序的法治化，也就实现了管理行为的法治化。这就要求在处分学生时要及时将处分意见送达本人，确保学生的知情权不受侵犯；建立听证制度，充分保证学生的知情权；建立申诉机制，使学生有一个为自己辩护的机会；建立司法救济机制，保障学生的合法权益。正当程序原则可以追溯到英国普通法传统中的"自然正义"原则。正当程序的基本要求是：任何人不能作为自己案件的裁判者，纠纷由独立第三人裁决；作出影响相关人权利义务的决定，特别是对当事人不利的决定时，必须听取利害当事人的意见，给予其陈述、申辩、对质的机会；纠纷的裁断过程中不可偏听偏信，不得单方接触；一切都必须予以公开，保证公正和透明度。

从保障学生权利和维护学生尊严的角度来看，正当程序有利于保障学生的权利，特别是涉及学生的基本权利时更是如此。高校学生管理过程中的正当程序是对学生权利保障的基本要求，没有正当程序，受教育者在学校中的机会均等就难以实现，其请求权、选择权、知情权就难以得到保障和维护。另外，如果仅仅从工具性价值来理解正当程序的话，那就贬低了正当程序的价值。程序不能只是达成实体正义的手段，程序具有自身独立的价值。正当程序的内在价值有两个方面：一是对人作为人应当具有的尊严的原则和尊重，即尊重个人尊严；二是正当程序包含了"最低限度公正"的基本理念，即某些程序的因素在一个法律过程中是基本的、不可或缺的，否则，人们会因此感到程序是不公正的、不可接受的。在很长的一段时期内，高校和学生的关系具有强烈的特别权力关系的色彩，学生只是消极的被管理者，高校与学生之间的地位是不平等的。在这种情况下，正当程序是没有必要存在的。随着我国实施依法治国方略，全面推进依法治国，高校学生管理必须法治化。基于民主法治的发展和人权保障的要求，将特别权力关系纳入司法审查的范围，既符合正当程序原则，也成为限制特别权力的基本原则之一。因此，在高校学生管理过程中引入正当程序，是对学生人格的尊重。

3.建立科学的学生管理评价体系和多元化的学生权益救济机制

这是实现高校学生管理模式法治化的重要保障。高校对学生的规范约束，主要依据是法律标准。特别是在学生处分问题上，道德品质评价不能作为处分学生的依据。在对学生进行处分时，要就事论事、事实清楚、程序正当、依据明确、定性准确。在此问题上，我们要改变既往惯常对问题学生进行处分的教育管理模式，发挥思想政治工作的优势，在处分前要注重对学生思想和行为规范不良倾向的引导和疏导，在处分中要加强对学生的思想教育，调动学生主体的自我教育功能，引导学生强化个人和社会责任感，处分后要做好后续的管理和服务，给予学生更多的人性化关怀。通过把思想教育"软件"与刚性管理"硬件"密切结合，营造良好的育人环境。另外，一直以来衡量高校学生管理工作好坏的重要标准是管理效率的高低，对公平、正义的维护则显得不够。确立科学的学生管理评价体系就是不仅要实现"管住人"，还要"管好人"，以德服人、以理服人，维护学生的正当合法权益。

行政处分的法定性特征具有对行政处分实施普通法律上救济的条件。就高校行政处分纠纷案件而言，行政诉讼和包括教育行政复议、学生申诉制度、教育仲裁制度、调解制度等在内的非诉讼机制都是学生可以利用的权益救济方式。建立多元化的学生权益救济机制，既是依法治校的重要体现，又是避免高校陷入司法审查陷阱的必要手段。

第二章 依法治校在高校学生
管理中的应用

1999 年，我国召开了全国教育法制工作会议。这次会议把国家的教育事业管理和发展纳入法治化的轨道上，全国教育法制工作会议的举行标志着我国依法治校工作进入了一个新的发展阶段。2003 年，我国教育部发布了《关于加强依法治校工作的若干意见》（以下简称《意见》），其中提到，实行依法治教，把教育管理和办学活动纳入法治轨道，是深化教育改革，推动教育发展的重要内容，也是完成新时期教育工作历史使命的重要保障。依法治校是推进依法治国基本方略的必然要求，是教育事业深化改革、加快发展，推进教育法治建设的重要内容。我国学校教育的根本任务是为了培养中国特色社会主义建设事业的优秀接班人，该《意见》把这个根本任务作为出发点，指出，依法治校，就是要全面贯彻教育方针，坚持教育为社会主义现代化建设服务，为人民服务，与生产劳动和社会实践相结合，培养德智体美全面发展的社会主义建设者和接班人。

第一节 依法治校的内涵、理论基础与基本原则

依法治校是指在高校管理中能动地开展依法管理、依法执教、依法育人，具体来说就是在民主的基础上，依照宪法和法律的规定，尤其是依照教育法律法规的规定，来治理高校和管理高校的各项事务，使高校的各项工作逐步走上法治化、规范化的轨道。依法治校对教师和学生管理的要求是依法管理，从而实现高校管理的法治化状态，依法治校不仅是社会发展的客观需要，也是完备的教育法律法规体系的客观要求。

一、依法治校的内涵与主要内容

随着科教兴国战略的实施和依法治国方略的确立，依法治校已成为党和政府管理教育的基本方针。作为依法治国的重要组成部分，依法治校将成为 21 世纪学校管理的必然选择。各级各类学校的管理者必须确立依法治校的办学观念，把学校管理纳入科学化、规范化、法治化轨道。

贯彻依法治校，首先要明确其本质含义。依法治校是依法治国方针在教育领域的体现，"依法"既包括依据国家立法机关统一制定的《中华人民共和国宪法》《中华人民共和国高等教育法》《中华人民共和国教师法》等法律法规，还包括学校制定的内部规章制度。高等教育领域内的依法治校指的是高校的管理者根据国家法律法规、学校章程及其他规范性文件，对高校各项事务进行规范管理的模式。它强调管理的合法性，确保师生合法权益，促进学校事业健康发展。

依法治校的内容极其广泛，可以从各个方面加以概括：首先，根据学校管理的具体内容不同，依法治校可以细化为学校各部门的职责，主要是在教学、管理和服务等方面实行依法管理。这项任务可以在校长的宏观管理下将其具体化，如在教学方面，应按《中华人民共和国教师法》《中华人民共和国教师资格条例》《教学成果奖励条例》及教育部有关教学方面的计划和规定去执行；在管理方面，应贯彻执行《中华人民共和国教师法》及《中华人民共和国教育法》《中华人民共和国高等教育法》等，保护教师和学生的合法权益；在服务方面，后勤等教辅序列部门应依法履行对学校育人工作的支持职责，提供充分、有效、适当的物资和服务。如学校食堂应贯彻执行《中华人民共和国食品卫生法》《学校卫生工作条例》，安排伙食，合理收费。其次，根据管理空间不同，管理按有形空间可分为校园内管理和学校周边环境管理，按无形空间可分为对教职工、学生的管理和对家长、社会其他相关对象的管理。当前，对学校周边环境、学生家长及社会其他相关对象的管理，已成为依法治校的难点所在，各级各类学校都不能忽视这个问题。最后，根据学校管理范围的不同，学校事务分为内部与外部两方面。学校内部事务管理主要是指教学、科研及学生管理等方面的具体事务。但围绕学校改革与建设，学校必然涉及对外交往与合作事宜，包括与国内外各方的交往与合作，在这方面学校管理者同样要依法办事。可见，学生管理法治化是依法治校的重要内容。

二、依法治校的理论基础

（一）依法治国

古语云：法令行则国治，法令弛则国乱。依法治国是中国共产党在新时期领导全国人民治理国家的基本方略，是我们各项社会主义事业顺利进行的根本保证。依法治教、依法治校是依法治国中不可或缺的部分，是贯彻党的十六大精神、推进依法治国基本方略的必然要求，也是教育事业深化改革、加快发展，推进教育法治建设的重要内容。可见，依法治国与依法治校有着本质上的联系，要实现新时期的依法治校，就必须从依法治国的要求出发，建立新时期的和谐校园。

依法治国表达了一种治国方略和社会调控方式。法治概念来自西方，从具体制度形态角度粗略划分，大致有英国的"法律之治"和德国的"法治国"两大类型；从学术观点角度粗略考察，大致有"形式法治观"、"实质法治观"和"统和与超越法治观"三种类型。在我国，现代意义上的"法治"出现于清末，最早宣传并明确提出法治概念的是梁启超。新中国成立之初，1954年《中华人民共和国宪法》成为中国共产党依法建国、发展国家的重要标志。党的十一届三中全会提出了发展社会主义民主、健全社会主义法制的战略方针。这是我国社会主义建设的一个重要转折点，也是我国新时期法制建设开始的标志。1993年，党的十四届三中全会通过了《中共中央关于建立社会主义市场经济体制若干问题的决定》，党和国家根据建立社会主义市场经济体制的需要，把法制建设提高到战略地位加以考虑。在这一历史性的文件中，法制建设首次作为相对独立的主要问题予以阐述，其内容包括立法、执法、司法法律监督和法律服务等多方面。

1996年2月，江泽民同志在中共中央举办的第三次法制讲座中，第一次提出了"依法治国"的科学概念，并指出：加强社会主义法制建设，依法治国，是邓小平同志建设有中国特色社会主义理论的重要组成部分，是我们党和政府管理国家和社会事务的重要方针。1997年9月，他在党的十五大报告中又明确提出，"依法治国"是党领导人民治理国家的基本方略，将依法治国的历史地位从治国的"重要方针"提升为"基本方略"，首次对依法治国作出了科学的界定：依法治国，就是广大人民群众在党的领导下，依照宪法和法律规定，通过各种途径和形式管理国家事务，管理经济文化事业，管理社会事务，保证国家各项工作都依法进行。这一论述科学揭示了社会主义法治的本质和内涵，并对坚持依法治国和坚持党的领导的一致性关系作了明确的回答。1999 年 3 月，九届全国人大二次会议把"中华人民共和国实行依法治国，建设社会主义法治国家"载入了宪法，使依法治国基本方略的历史地位得到国家根本大法的正式确认。

（二）依法治教

依法治教是现代教育的必然产物，是贯彻党中央科教兴国战略思想的重要保证，也是依法治国方针在教育工作中的具体体现。教育是以人为对象的社会活动，因此它就必须受到法律法规的约束。依法治教的范围很广，包括教育立法、教育法律的宣传与普及、教育行政执法、教育司法、教育法律监督等。具体而言，是指国家机关及有关机构依照教育的相关法律规定，在其职权范围内从事的治理教育的有关活动，以及各级各类学校及其他教育机构、社会组织和公民依照有关教育的法律规定，从事的办学活动、教育教学活动及其他有关教育的活动。为了使高校的德育教育更加有实效性，就需要在理解国运兴衰系于教育的同时，贯穿马克思主义教育理论思想，紧紧围绕党中央依法治国和以德治国的方略，以依法治教为核心，强化德育教育和德育管理，将德育工作落到实处。

学校建设和教育管理都离不开法律制度的保障与支持，同样，在高校法治化的过程中也能够反映出我国法律建设中物化、制度与观念等层面的问题，这些问题小到规章制度的制定，大到国家的立法过程。所以我国法治建设任重而道远，整个社会的法律意识、法律文化建设都需要以教育为基础进行培养，高校对学生的法治化管理是新时期依法治国过程中的一个新课题，在我国法治化的进程中有着特殊而又重要的意义。

我国已先后颁布了《中华人民共和国教育法》《中华人民共和国义务教育法》《中华人民共和国学位条例》《中华人民共和国教师法》《中华人民共和国职业教育法》《中华人民共和国高等教育法》6 部关于教育的法律，《普通高等学校设置暂行条例》《高等教育自学考试暂行条例》《社会力量办学条例》等 16 项教育行政法规，原国家教委还发布了 200 多条教育行政规章，各级人大政府部门也分别制定了有关的教育法规规章，初步建立起我国教育法律法规体系的基本框架。这些法规的健全，不仅在客观上要求学校的工作要依法办事，而且也为依法治教、依法治校提供了可靠的法律保证，真正实现了有法可依。

（三）治理理论

"治理"（ governance ）一词源于拉丁语，原意为控制、引导和操纵。治理理论的创始人之一——詹姆斯·罗西瑙（James N.Rosenau）在《没有政府的治理》（*Governace without Government*）一书中将其定义为，一系列活动领域里的管理机制……与统治不同，治理是一种由共同目标支持的活动。可见，治理就是组织内部各利益相关者（治理主体），通过谈判、协商的方式，确定合作伙伴关系，确立共同的组织目标，进而共同实施对公共事务的管理；是治理主体之间相互影响、相互协调、相互信任并相互监督的过程，是持续地谈判、协商，而不是统治或控制。其实质在于权力制约和权利保障。

有学者认为，治理作为一个复合型概念，包含着治理结构、治理工具和治理能力三个层次。治理结构，即各治理主体之间的权责分配及相互关系是各治理主体共同认可和遵守的游戏规则，它是治理的制度基础和客观前提。治理工具，即治理主体选择的治理方式和手段，它是将治理理念转化为办学治校实践的关键。治理能力，即各治理主体采取正确行动的能力素质，包括遵守规则的意愿、了解规则的程度、运用规则的能力等，这是依法治校的前提。

三、依法治校的基本原则

《教育部关于加强依法治校工作的若干意见》指出，依法治校的关键在于转变观念，以良好的法律意识、法制观念指导学校管理和教育教学活动。对此，高校管理部门应当尊重学生权利，健全学生权利体系，树立权利规范意识，依法转换管理方式，构建良性互动关系。要充分实施依法治校，需遵循以下几个原则。

（一）坚持学生权利为本的法治观念与教育理念

权利本位是现代法治的必然选择，也符合高等教育以人为本的发展趋势。学生是学校管理活动存在的基础和前提，高校学生管理的出发点和归宿都是为了育人。学生不仅仅是受教育者，而且是参与教育，体现教育价值、教育质量的主体。只有尊重学生的基本权利，视其为独立人格主体，才可能培养出高素质的人才。因此，高校在行使学生管理权力时，无论是学生管理规则的制定还是制度的执行，都应突出以人为本的要求，在尊重学生个性发展、保障学生合法权益的前提下合理行使高校的教育管理权力。

（二）实现高等学校的权力法定

权力法定是现代法治的重要内容。权利本位的法治观念与教育理念，意味着学校必须遵守管理权力的法律限度和边界。高等学校行使权力，必须依照法律法规等上位法内容，校内规范性文件的相关规定必须与上位法的规定相一致，不得抵触。高等学校也不得超越权限，自行设定权力限制学生权利；尤其在涉及学生重大权益时，未经法律授权不得干涉和侵害学生权利，不得对学校与学生之间的法律权利和义务进行任意的重新配置。在程序方面，高校管理行为应严格遵循正当程序，在做出涉及学生权益的管理行为时，必须遵循时限要求以及告知、送达等程序规则，要尽快建立有效的学生参与制度，征求学生意见，保障学生的知情权和参与权。在行使自由裁量权的过程中，应注意合理限度，若不得不对学生权利造成某种不利影响时，应将这种不利影响限制在尽可能小的范围和程度内，尤其是在作出剥夺和限制学生受教育权这一宪法赋予的权利时，应以法律为依据，不得以其他任何行政命令或校内规范性文件为依据实施。

（三）坚持诚实信用的基本原则

诚实信用原则原本是对平等主体在市场交易中的道德要求。进入现代法治社会以来，公法尤其是行政法领域开始逐渐认可该原则的规范作用。高校在实现善治的过程中要秉持诚实信用的基本法律原则。一方面，在提供后勤服务、教学服务等平权型法律关系中，高校与学生均要秉持诚信友善、平等公正的社会主义核心价值观精神，自觉恪守信用，反对不正当不诚信的交易行为；另一方面，在进行学生管理时，高校既要考虑到学生涉世未深，长期接受正面的学院式教育的现状，又要考虑到高校作为教育者与管理者，在两者之间的关系中处于权威地位的事实，在管理行为的实施过程中，高校要注重维护学生的利益。

四、依法治校的必要性

（一）依法治校是社会发展的客观要求、必然趋势

在当今经济全球化的背景下，各个国家之间的联系越来越密切，同样在教育方面的联系也在不断增强，学校之间的竞争不单停留在国内，比如近年来很多高考考生不愿选择国内知名大学，而选择国外的大学。世界一流的高校无一不是把法治的思想融入平时的教学管理中，我国的教育要与世界一流高校的教育水平缩短差距必须要立足于国情，放眼未来，将法治的理念融入高校管理工作中。因此依法治校是紧迫要求，也是社会发展势头，不可阻挡。随着人们综合素质的提高，在法治大环境下，人们的法治精神和法律意识增强，养成了一定的法律素养，能够运用法律的武器来维护自身权益，人们遵守公平、公正、

公开的办事准则，这将不断促进依法治校的实施。新时代的中国精英荟萃，人们思维活跃、个性独立，渴望民主管理，发挥自身作用，为建设中国特色的富强、民主、文明、和谐、美丽的社会主义现代化强国奉献力量。各高校也依据国家的政策积极推动校务公开，注重民主政治建设。同时，高校的民主建设过程也反作用于依法治校的实行。

依法治校是贯彻教育法律法规的客观要求。我国先后颁布了《中华人民共和国义务教育法》《中华人民共和国教育法》《中华人民共和国教师法》《教育部关于加强依法治校工作的若干意见》《学生伤害事故处理办法》等多部教育法律和教育行政法规，明确学校、教师、学生的权利和义务，学校法治管理的核心就是正确处理学校、教师、学生的权利义务关系。因此，依法治校是广大师生基本权利的保障，也是建设和谐校园的根基和力量。

实行依法治校，要使教育管理者从高高在上的观念中走出来，促进师生之间进行平等的对话，在校园内创造一种宽松的、民主的、和谐的校园文化环境。推进依法治校有利于我国的教育行政部门自身职能的转变，即严格按照法律的要求来处理各项工作；有利于全面推进我国的素质教育发展，提高国民的综合素质水平；有利于保障学生和教师的合法权益，让他们可以通过法律手段来维护自身的合法权益；有利于通过法律的手段来调整、规范和解决我国在教育改革发展过程中出现的新情况和新问题，化解矛盾，维护稳定。当前教育方面的法律法规已经形成了相对比较完备的法律体系，这就要求我们要根据制定出来的相关规章制度来规范和约束师生的权利义务，这也对进一步完善当前的教育法律法规有着重要的意义。

学校是培养我国社会主义事业建设者和接班人的场所。依法治校应该加强校园法律知识的普及，增强师生对学校规章制度和相关法律的认识了解，开展各种活动，比如定期开设"法律课堂"，把相关的法律知识以上课的方式呈现在大家面前，更加生动形象地向师生传达法治思想，培养法治意识，使师生遇到问题的时候，能够用法律的手段来维护自身的合法权益，保障自身的合法利益不受侵害，营造具有法治理念的校园文化氛围，建设和谐校园。只有把依法治校内化为学校领导和师生头脑中的真正信念，使之成为一种学校的办学理念、文化精神，依法治校才能得到切实贯彻。因此，要大力培育与依法治校相适应的法治文化底蕴，建设和谐校园、法治化校园。

（二）依法治校是现代教学管理理论发展的必然趋势

高校领导和管理者根据相关的教育政策、教育规律，采取系列活动，有效地整合、利用各种教育资源，以提高学校办学水平和教育教学质量，形成高校自己的校园文化，促进教师专业技能和自身修养的发展，促进学生全面发展的实践过程，就是当代高校的管理。依法治校很大程度上就是高校管理的理论研究和实践研究的结合。高校的管理越来越趋于系统化、规范化，各项规章制度不断地完善、发展，法的思想意识已经传达到师生的心中，大家对于自己的权利义务，或多或少都有所了解。明确依法治校各要素的职能在实际教学生活中的运用，这样才能指导实践教学，也将是现代教学理论发展的必然趋势。

"校务公开实现透明化"这个话题在现在的高校管理中是个被看重的问题。这也是一个涉及公平、公正、依法办事的问题，实现校务公开透明化要以教育法律法规为准则，建立符合国家法律、法规，符合广大教职员工要求，科学、规范的校务公开制度。要把校务管理都放到法的层面来，依法建立高校的规章制度、依法维护学校教师的权益、依法制定处理问题学生的办法、依法建立学生应急处理制度等。这些都应当以我国的宪法为准绳，以与教育相关的法律为标尺，倡导依法治教和依法办学，唯有如此，才能创建一个当代的社会主义法治校园环境。

第二节　高校学生管理要坚持以人为本与依法治校

在高校依法治校的进程中，教育体制基本框架逐步建立，高校的依法治校工作也逐渐呈现规范化、程序化发展态势。但是由于传统的高校人治管理观念根深蒂固，阻碍了依法治校在高校中的发展，同时高校师生对于法治管理的概念理解不够深刻，再加上高校对于依法治校宣传的力度不够，因此导致师生在依法治校的过程中参与度不高。因此，高校依法治校所面对的现实困难阻碍着高校法治管理工作的顺利进行，想要进一步促进高校依法治校工作的发展，需要积极寻找破解现实困境的有效对策。

一、我国高校依法治校的现实困难

（一）传统管理理念对依法治校的阻碍

传统的人治管理理念根深蒂固，使得依法治校的管理理念在高校中的发展与传播受到阻碍。党的十九大报告指出：全面依法治国是国家治理的一场深刻革命，必须坚持厉行法治，推进科学立法、严格执法、公正司法、全民守法。人治作为一种管理理念被沿袭下来并渗透到社会的各个层面，高校治理工作也受到人治观念的影响，从而导致师生维护自身利益的意识较为薄弱，对于法治的认识也不够深入，严重影响了高校依法治校的发展进程。

（二）教育法律制度的权责不明影响了依法治校的发展

教育法律法规是政府教育管理部门对高校进行法制管理的主要法律依据，也是高校依法治校规章制度建立的重要依据。当前我国针对高校管理工作推出了较多的教育法律法规以及具体的实行办法，但是这些法律法规对权责归属与惩戒方式并没有过多涉及，这导致高校依法治校管理中对权责归属以及惩戒方式的确定缺少有力的法律依据，校园管理也陷入困境。要促进高校依法治校的进一步发展，就要克服教育法律法规中权责不明确、惩戒措施不明确的现实问题，这就需要教育部门加强对教育法律法规的完善，通过明确权责归属和惩戒措施为高校依法治校管理工作提供依据。

（三）依法治校规章制度有待完善

当前，高校依法治校理念虽已逐渐形成，但是在实际应用中还存在着许多问题，这主要是因为没有完善的规章制度为依法治校提供依据。高校依法治理中缺乏有效的监管机制，主要表现在人员分工不明确、赏罚制度不清晰、权威性较差等方面。规章制度的不完善，会让领导者和管理者的行为缺乏约束和监管，导致高校民主监督机制无法发挥自身的作用。高校依法治校的目标是依照法治来实现公平、公正的管理，制度的缺乏会导致高校管理工作缺乏公平、公正性，高校的师生也会对高校法治丧失信心，这将阻碍高校依法治校的发展。

基于上述现实问题，随着依法治校、依法治教的深入落实，要求高校的管理者必须增强法律意识，完善校规校纪，转化角色意识，转变管理观念。高校的管理工作归根结底是人的工作，以学生为本是以人为本理念在学校工作中的具体体现，是高校在学生管理工作中的价值追求，其核心内容是认同学生在学校中的主体地位和独立人格，关注重视学生的成才成长，注重学生的个性发展。以人为本理念的长期有效运行必须在法治的基础上才能得到保障。在依法治校的具体实践中，高校必须将以人为本理念贯彻到高校工作的每一个环节，特别是落实到与学生有直接利益关系的、具体的管理工作中。需要建立一套符合校情的、确认学校管理者与学生权利义务的良法来落实以学生为本的理念，规范高校具体管理行为来实现以人为本的理念，并建立合理的程序来保障以人为本的权利诉求。

二、以人为本与依法治校的作用

（一）以人为本——"和谐"理念在高校学生管理工作中的体现

中华文化源远流长，代代相传。其中，儒家的"和谐"思想是中国传统文化中的核心理念和主要精神，它是几千年中国社会发展的思想原动力，也是我们今天提出"和谐社会"理念的思想源泉。人是构成社会的基础，构建和谐社会的基础应该是培养"和谐人"，而"和谐教育"正是培养"和谐人"的核心方法。

和谐教育是从满足社会发展需要和学生身心发展需要的统一实现出发，调控教育场中诸教育要素的关系，使教育的节奏符合学生发展的节律，进而使教与学产生谐振效应，促使学生的基本素质全面、和谐、充分发展的教育。和谐教育的内涵应该包含以下三层主要意思：和谐教育的出发点是实现人的自身发展需要与社会需要的统一；调控管理各要素的关系，使管理目标、内容、手段、方法和管理实践、空间与学生发展相适应；和谐教育的目标是促进学生素质全面、和谐、充分发展。因此，不难看出，和谐教育的核心是以人为本，而这种以人为本的和谐教育思想在高校教育中集中体现在学生管理工作上。

以人为本的学生管理工作对于构建和谐社会有着十分重要的意义。

1. 以人为本的学生管理是构建和谐社会的需要

建设和谐社会的核心是以人为本，人是构建和谐社会的主体，实现人的全面发展是社会和谐发展的基础和重要目标。作为培养人的社会活动的学生管理，要使学生实现与自我发展和谐、与自然和谐、与社会和谐，成为构建和谐社会的主力军，就必须坚持以人为本的学生管理理念。

2. 以人为本的学生管理是构建和谐校园的需要

和谐校园是和谐社会的重要组成部分。校园和谐主要是指校园内部各种要素处于一种相互依存、相互协调、相互促进的状态，主要表现为学校组织结构要素和谐、教育环境和谐、人际关系和谐，以及自我教育、家庭教育、社会教育和学校教育的和谐等。

3. 和谐的学生管理是学生管理实践的需要

高校在学生管理理念上存在诸多问题，比如片面强调学生管理者的权威，忽视学生的主体地位，忽视学生身心发展的规律性，与家庭、社会展开合作教育的观念薄弱。总之，学生管理者要为学生提供合适的教育，就必须树立和谐的管理理念，以适应构建和谐社会、和谐校园的要求。

（二）依法治校——法治意识是高校学生管理工作水平的体现

依法治校是高等教育领域落实依法治国基本方略、培养有较高法律素质的当代大学生的具体实践，是我国高校管理的必然趋势。随着社会主义市场经济的发展和法治化进程不断加快，人们的法治观念在不断加深，年轻人的思维也发生根本性的变化。传统意义上大学生的定向思维模式已经有很大弱化，学生管理工作面临许多挑战，传统的管理模式和管理方法已经越来越不适应新时代新形势的要求，也不符合当代大学生的现状。其中一些原来就存在的问题更加凸显，树立学生管理新观念、依法加强高校学生管理显得尤为重要。

依法治校，主要是按照国家的法律法规、方针政策调整高校与学生之间的关系，用法治的思想、方法协调处理高校与学生之间发生的各种矛盾，使学生管理规章制度的制定与执行规范化、合法化，维护学校正常的教育教学秩序和生活秩序，保障学生的身心健康和合法权益，促进学生德、智、体、美、劳全面发展。

依法治校，健全规章制度，维护学生的合法权益，应做到以下几点。首先，应赋予学生参与民主管理的权利，在各项规章制度、管理措施出台之前，充分征求学生的意见，虚心听取学生对于高校建设管理的合理化建议，真心实意接受学生的监督，给予学生更多的发言权。其次，高校的各种信息应公开透明，从机制上防范和杜绝管理者在学生工作事务中的暗箱操作。最后，高校应充分保障学生在校期间的人身、财产安全，对校内外可能存在的危害建立相关的预防和应急机制，尽可能避免危害的发生。当学生的合法权益受到非法侵害时，学生能通过申诉、诉讼等手段维护自己的合法权益。

三、以人为本与依法治校在高校学生管理中的应用

从高校学生管理的实际情况来看，以人为本和依法治校是高校发展的本质要求，它们是相互依存、相辅相成、缺一不可的。一方面，在高校学生管理中，学生是最基本的也是最核心的因素。强调以人为本就是要重视学生的主体作用、能动作用，要尊重人、理解人、关心人、爱护人。只有坚持以人为本，才能进一步健全和完善民主化管理机制，做到人人参与管理，并且主动参与管理，形成整体和谐共存发展的良好氛围，也才能把依法治校真正落到实处。另一方面，高校学生管理工作必须有"章法"，要人人知法、守法。要考虑高校学生自身特点和教师工作的特殊性，使高校学生管理工作的目标、计划、实施、监督、

指导、总结和评价切合实际，规范落实，科学有序。如果没有法治，没有规章，那么管理就会混乱，就会失去控制，以人为本也就失去了可靠保障；不以人为本，只靠管理规章，强权管制，那么也会使人陷入被动，产生内耗，人的积极性得不到充分发挥，"章法"也就失去意义。

以人为本与依法治校是相互依存、相互协调、相互促进、相得益彰的，因此，只有以人为本与依法管理综合运用，才能实现高校制度化、民主化、科学化管理。从这个意义上说，坚持以人为本的依法治校原则，既有利于高校教育管理系统的正常运转，又有利于调动广大学生的积极性、主动性和创造性，促进高校教育质量和办学效益不断提升。以人为本既符合高校系统自身特点和管理规律，又符合高校管理民主化和科学化的客观需要，因而是高校发展的本质要求。

综上所述，学生管理是一个过程，又是一门艺术，管理对象是人，管理核心也是人。必须把以人为本的理念具体落实到学生管理工作中，即要贯彻以学生为本的原则，坚持把服务学生作为学生管理的核心，想学生所想、急学生所急，逐步使服务理念深入人心。对学生管理可以依靠引导、激发、鼓励等方法进行人性化管理，以规章制度约束、监督和处罚、处分等手段为管理法治化辅助。作为辅助手段的法治化管理其实质是一种模拟，要把依法管理的观念贯穿于教育管理工作的方方面面，确保管理的合法性，实行对被管理者合法权益的保护。法治化管理赋予规章制度法律的形式，突出管理的制度性和规范性，体现人人平等的精神原则。新时期在高校学生管理工作中，应当同时坚持以人为本和依法治校，努力开创学生管理工作的新局面。

第三节　依法治校在高校学生管理中有应用意义

依法治校是高校管理理论研究和实践研究的结合，一方面强调高校的办学自主性、主体性，从理论上明晰高校及高校内部各部门的职责范围，维护教育法律所规定的权利与义务；另一方面，通过对治校的主体、内容、途径等要素的规定去指导实践，增强实际工作的可操作性，从而更加丰富和发展高校管理的理论，增强实践操作和理论发展的互动性，形成良性循环。

一、依法治校中的高校学生管理

依法治校之"法"，有广义和狭义两种理解。广义的"法"不仅包括专门的教育法律、法规和规章，还包括宪法中有关学校的教育内容以及其他与学校教育有关的法律、法规、规章及规范性文件，也涉及民法、刑法、行政法中有关教育的部分；狭义上的"法"主要是指有关学校教育的法律、法规和规章。高校依法治校，既要依宪法和专门规范教育事项的特别法律法规，又必须依照教育主管部门的教育规章和高校自身的管理制度。依法治校的"治"，不是管制，而是管理；不是消极地运用法律来管制学校，而是在高校管理中能动地开展依法治学、治教；不是一部分人管制另一部分人，而是学校管理者依据法律法规与有关规定维护学校的权益和师生权益，同时全体师生依据法律法规和校纪校规约束自我行为。

我国启动法治化进程一个瞩目的标志就是高等院校被推向了法治的前沿，从田永案到刘燕文案再到各式各样的学生状告学校案，在学生维权意识日益增强的同时，高校也纷纷接受着法治的检验，见证着依法治校的历史变迁。2003年7月17日教育部发布的《关于加强依法治校工作的若干意见》第六条中明确规定：完善学校保护机制，依法保护学生权益。学校在日常教育教学活动中要树立以人为本的理念，自觉尊重并维护学生的人格权和其他人身权益。教育行政部门和学校要牢固树立安全第一的意识，认真贯彻落实有关校园安全的法律及规定。要建立完善的安全管理制度，明确职责，加强对学校教学、生活、活动设施的安全检查，落实各项安全防范措施，积极维护校园的安全与秩序；要加强对教师、学生的安全教育，实现安全教育制度化、规范化，预防和减少学生伤害事故，保护学生、教师的人身和财产安全；建立应对各类突发事件的工作预案，增强预防和妥善处理事故的能力；健全学生安全和伤害事故的应急处理机制和报告制度，不得瞒报或者漏报。学校要健全学籍管理制度，按照有关法律的规定，严格保护学生的受教育权，对学生的处分应当做到事实清楚、证据充分、依据合法、符合规定程序；建立校内学生申诉制度，保障学生申诉的法定权利。高等学校依法对学生做出处分决定应当经过校长办公会议讨论通过，保障学生的知情权、申辩权，并报主管教育部门备案。2005年9月1日，由教育部发布的《普通高等学校学生管理规定》正式开始实施。其中对高等学校学生的权利与义务、学籍管理、校园秩序与课外活动以及奖励与处分等情况也都作了详细的说明，这些文件的出台，标志着高校在法治化的过程中能够对学生的权利给予充分的尊重和切实的保障，而高校的权力在此规定的约束下也有了一定程度的设置标准。自此，我国高校学生管理进入了一个法治化的新时期。

二、我国高校依法治校取得的成就

（一）构建了基本的教育法治体系框架

改革开放以来，随着我国教育体制以及法律法规的逐渐完善，形成了基本的教育法治体系框架。在教育基本法律方面，针对高校管理出台了《中华人民共和国高等教育法》等法律法规，为高校依法治校工作提供了法律依据。为了细化高校管理工作，出台了《中华人民共和国学位条例暂行实施办法》《普通高等学校学生管理规定》等教育法律具体实行规则。由此可以看出，高校的管理受到了教育机关的重视，以宪法为指导的教育法规让高校的管理工作更加有法可依，也为我国高等教育事业走向法治化奠定了坚实的法律基础。高校是教育系统中的重要组成部分，也是实践依法治国的重要载体。依法治校是高校践行依法治国的具体表现，不仅在管理方面需要按照相关法律法规进行高校事务的管理，还需要在教学方面执行考评机制，通过考评教学工作来提升高校教学水平，从而更好地为社会输出高素质人才。

（二）高校依法治校工作逐渐制度化和规范化

在教育法律法规体系逐渐健全的同时，高校依法治校的进程也逐步加快，实现了社会大环境与校园内部法治管理的同步进行。高校内部的管理工作依照教育法规进行法治管理，逐渐趋向制度化和规范化，不仅提高了学校管理水平，也提高了办学水平。同时，高校在管理中逐渐认识到依法治校的优越性和必要性，根据自身的办学特点和机构体系，建立了较为完善的高校管理工作法制体系，在一定程度上保障了高校各项工作的规范、有序开展。近年来，各大高校依照学校章程进行高校制度的建设，内部制度以及机构体系不断得到完善，使得高校内部管理呈现出了规范化、秩序化的良好发展态势。

（三）依法治校在构建和谐校园中的作用逐步显现

创建和谐社会是当今我国社会发展的目标，创建和谐校园也是高校发展的工作重点。依法治校为校园的管理工作提供了依法办事的章程和规定，建立了维护教师和学生合法权益的保障，因此可以说，依法治校对建立和谐校园起到了十分重要的作用。依法治校在高校工作中的实施促进了高校管理工作，在一定程度上为教师评优、评级以及学生获得奖学金、学历和学位证书提供了较为公平的环境，让师生在公平的竞争中完善自我，从而获得成功。除此之外，部分高校为保护师生合法权益，设立了申述制度，以广泛收集师生的建议与意见，积极寻找对策在第一时间解决校园矛盾，促进和谐校园的发展。例如，上海大学制定的《上海大学学生申诉处理办法》规范了学生申诉的流程，对于申诉审核方式也作出了相应的规定。通过申诉制度的建立，高校实现了对师生科学有效的法治管理，在管理中强调了师生在依法治校中的重要地位，制约了管理部门的权力，有利于建立公平、公正的校园环境。

三、依法治校对高校学生管理工作的重要意义

（一）依法治校是培养高校人才法律信仰的必然要求

当代社会是法治社会，各种制度和行为只有纳入法律范畴才能有长足的发展，高校的学生管理工作自然也不例外。党的十八届四中全会提出：全面推进依法治国，总目标是建设中国特色社会主义法治体系，建设社会主义法治国家。高校作为优秀人才培养基地，在全面贯彻依法治国的伟大方略中更应该走在时代的前列。高校学生管理工作与学生接触密切，学生工作能否实现法治化管理在很大方面影响着学生对法律的尊重，甚至会影响整个国民的法治观念和法律信仰。对学生实施依法管理，依法维护学生的合法权益，让学生感受到法律的权威和法律带给他们的安全感，学生自然会萌生对法律的热爱和尊重，树立坚定的法律信仰。因此，高校学生管理必须走法治化的道路，这是依法治校的必然要求，也是全面实施依法治国的必然要求。

（二）依法治校是高校学生管理工作的发展趋势

以习近平同志为核心的党中央，一再强调要坚持人民立场，在一切工作中都要以人民的根本利益为出发点和落脚点。全面实施依法治国，自然也要坚持以人为本的法治理念，努力制定符合实际的、确实管用的、群众满意的法律法规。落实到高校学生管理领域，则要秉承以学生为本的治校理念。长期以来，高校的学生管理工作者习惯于以管理者自居，工作以有利于维护秩序为出发点，忽视了学生作为独立个体的利益和需求。随着公民意识的觉醒，学生权利意识日益增强，现在的大学生更注重平等、自由和个性化发展。高校学生管理工作者必须及时转变工作思路，树立以学生为本，管理与服务并行的工作理念，尊重学生在高校中的主体地位和独立人格，以促进学生的成长为工作核心，尽可能地为学生个性化发展提供广阔的空间。以学生为本理念的实施离不开法治的保障，科学、完善的法律制度能够公正地划分学校管理者与学生的权利与义务，

防止学生管理工作者滥用管理权。当学生权益遭受侵害时，学生能够依法通过正当程序维权，防止矛盾激化，酿成恶性事件。总之，只有以健全的法治保障做基础，以学生为本的理念才能得到长足的贯彻与实施。

（三）依法治校是保障学生权益、减少"生校纠纷"的客观需要

随着公民意识的觉醒，学生的法律意识、主体意识都在不断增强。高校学生对于学校的管理行为不再是被动地服从，他们要求有更多的知情权、参与权、监督权。在这种形势下，高校学生管理工作必须坚持以学生为本，制定完备的规章制度，明确教育基本法律关系的权利和义务，完善教育救济法律制度，使各种学生管理行为都能做到有法可依、有章可循。特别是涉及学生重大利益的事情，务必做到有法可依，依法管理，不能滥用管理权，侵害学生利益。否则不仅会给学校带来众多的法律纠纷，破坏高校正常的管理秩序，同时也会影响高校学生管理工作的公信力和权威性。只有在学生管理工作中树立法治化的意识，做到有法可依、有法必依、严格正当程序，才能使高校学生管理工作更有说服力。

第四节　依法治校的应用策略

依法治校是依法治国的重要组成部分，是贯彻依法治国基本方略的必然要求。2003 年 7 月 17 日由教育部发布的《关于加强依法治校工作的若干意见》中指出：依法治校是推进依法治国基本方略的必然要求，是教育事业深化改革、加快发展，推进教育法制建设的重要内容。2010 年由国务院审议并通过的《国家中长期教育改革和发展规划纲要（2010 — 2020 年）》中再次明确把坚持依法治校作为未来教育工作的指导思想。之后党的十八届四中全会通过的《中共中央关于全面推进依法治国若干重大问题的决定》将我国法治进程推进到一个新的阶段。然而，在学生管理领域，学生管理工作者根深蒂固的长官意识和家长作风尚未得到彻底改变；另一方面，随着大学生的法治观念和维权意识的不断增强，高校学生管理工作面临严峻挑战。新时期、新形势下如何运用法治思维妥善处理学校和学生之间的关系，促进学生管理工作走上科学、规范的法治轨道，值得教育工作者特别是学生管理工作者去认真思考和研究。

一、依法治校的实施

（一）对依法治校实现路径的总体考量

依法治校的实现依赖于下列方面：一是必须对依法治校有所认知，即是说，我们必须有依法治校的观念和理念，这是依法治校实施的前提条件。我国长期以来在依法治校方面之所以相对滞后，其中一个重要原因就是我们缺少对依法治国的认知，从而也没有形成依法治校的理念。正因为这一点，我国在依法治国的顶层设计中强调了法治理念的重要性。如果我们有依法治校的理念，就会大大减少学校治理中的其他非法律因素。二是我们必须有依法治校的相关制度。法治体系是由诸多内容所构成的，如法律典则、法律规范、法律后果等。而法律典则、法律规范和法律后果都与法律的制度设计有关，应当说任何一个法律典则中都必然会设计这样或那样的制度。这些制度是法律权利和义务存在的基础，也为法律的权利和义务的运作提供了框架。所以，依法治校必须有相应的制度支撑，如信息公开制度、重大决策的合法性审查制度、行政问责制度、权力清单制度等。三是我们必须有组织地实施依法治校。我们要对依法治校有组织地予以推动，当然，所有参与学校治理的主体，都有组织履行依法治校的义务，如教育行政主管部门、学校的相关管理主体等。有效的组织可使依法治校的运行更加有序、更加具有目的性和针对性。

（二）实施依法治校的具体路径

具体而论，依法治校的实现依赖于以下几条路径。

1. 依法定位学校

确定高校的地位是依法治校的第一环节。在我国传统的学校治理中，对学校的定位有两种路径。一是法律上的定位。这个定位是客观存在的，例如《中华人民共和国教育法》规定，学校及其他教育机构行使下列权利：①按照章程自主管理；②组织实施教育教学活动；③招收学生或者其他受教育者；④对受教育者进行学籍管理，实施奖励或者处分；⑤对受教育者颁发相应的学业证书；⑥聘任教师及其他职工，实施奖励或者处分；⑦管理、使用本单位的设施和经费；⑧拒绝任何组织和个人对教育教学活动的非法干涉；⑨法律、法规规定的其他权利。国家保护学校及其他教育机构的合法权益不受侵犯。这个规定确立了学校的法律地位。二是行政上的定位。这指的是政府行政系统尤其教育主管部门以这样或那样的方式对学校地位的确定。

目前，这种定位方式事实上模糊了学校的法律地位，诸多定位缺乏法律上的依据，而且没有对学校的定位赋予法律上的属性。所以我们必须强调，依法治校的第一个路径就是依法定位学校，就是用法律的手段确定学校的地位，并赋予这种地位以法律上的名分。依法定位应当是学校定位的唯一方式。换言之，我们应当将法律之外的有关学校地位的确定方式予以去除，因为如果还允许法律之外的方式确定学校的地位，那么学校永远难以具有法律身份。

2. 依法治理学校

前文已经指出，我们已经接受了社会治理的概念，那么这个概念也应当被顺理成章地引入学校治理当中。然而，令人遗憾的是，我国有些学校的治理还未进入实质性的阶段。我们基本上还是用管理的逻辑来治理学校。依法治校首先必须转化学校的治理方式，就是由传统的管理学校转化为现代的治理学校。我们注意到，治理对管理的最大超越在于，治理具有公平性，治理具有多元性，治理具有更多的法律属性。与之相反，管理在一定程度上游离于法律之外，至少对学校用纯粹的管理思维进行治理，会有脱离法治的危险。基于此，我们强调建构现代学校的治理体系以超越传统的管理体系。同时，学校的治理必须是法律治理，而不是法外的治理。依法治理学校有着非常丰富的内涵，我们要通过学校治理的法律体系、学校治理的法律实施、学校治理的法律监督、学校治理的法律保障等来形成现代学校的法治体系。

3. 依法办学校

教育部在 2015 年发布了《教育部办公厅关于确定教育管办评分离改革试点单位和试点任务的通知》（教政法厅函〔2015〕49 号），该意见将高等学校的治理分为管理学校、举办学校和评估学校三个有机联系的构成部分，其中规定各试点单位要紧紧围绕管办评分离的要求，结合本地实际，进一步完善工作方案，明确整体目标、改革思路、主要任务、保障措施、实施步骤等，突出系统性、操作性和实效性。这个意见特意将举办学校从管理学校中分离了出来。这个分离是有道理的，它厘清了不同主体之间的分工。管理学校是教育行政主管部门的职责，而举办学校则是举办主体和学校的职责，主要是学校的职责。举办学校由一系列行为方式构成，它实质上包括了学校内部的所有行为过程。在管办评三个有机构成的内容中，举办学校是最为实质的部分，也是学校治理体系的核心。

那么应该如何办学呢？在当代法治体系中，当然要走法治化的道路。学校有举办学校的自主权，包括用人权、教学秩序的安排权、对学生的管理权等。

这些权力对于学校而言不是随意的，它们同样应当受到法律规范的约束。换言之，学校在办学的过程中应当将自己的每一个行为都纳入法治的轨道上。就我国目前而论，依法办学还存在诸多的滞后之处，这其中包括法律渊源上的不到位、法律主体身份上的不到位、法律权利义务上的不到位等。依法办学是依法治校的实质，所以在这个实施路径上，我们必须予以强化。关于学校的管办评分离，不能仅仅从高等教育层面上进行理解，高等教育之外也存在管办评分离的问题，所以依法办学对中小学和职业学校也是适用的。

4. 依法评学校

在当代学校治理中，管办评分离究竟如何具体实施，还处在探索和试验阶段。这其中牵扯到管理主体、办学主体和评估主体的身份关系，牵扯到这三个行为的实施主体的合理性和科学性。有人认为对学校的评价应当完全交由管理主体和举办主体以外的其他主体（第三方）来完成。从教育法治的实践来看，这个论点似乎有一定的绝对性。因为办学主体和管理主体也有对办学行为进行评估的义务。我国目前的办学评估以政府行为为主，以民间行为和市场行为为辅。由什么样的主体进行评估，是可以进行探讨的问题。但就评估本身而论，它是独立的，是不受办学环节和管理环节制约的。第三方评估的机制有它的科学性，因为它使评估不再是行政化的行为，而是市场化的行为。在崇尚契约管理的现代社会中，第三方评估有着自身的优势。笔者认为，依法评估学校仍然要强调评估中的法律主导和评估中的法治精神。

5. 依法助学校

学校是一个办学实体，它需要各种资源。从理论上讲，学校的资源来自不同方面。一是政府的财政拨款，我国绝大多数学校都是由政府财政予以支持的。二是来自学校内部的造血行为，如有些高等院校通过科研成果的转化来增加教学资源，积累教学资金。一些西方国家则通过校友的捐赠行为强化学校的办学资源。同时，学校还可以对学生进行收费，有些营利性的学校就是通过收费而增加自身资源的。三是通过社会捐助或者其他社会主体的支持来获得资源。社会捐助近年来已经相当普遍，而捐助的方式也多种多样。学校要良性运作和自我发展，利用来自上述几方面的资源是无可厚非的。

然而，学校资源的汲取必然涉及公共利益的分配问题，必然涉及公共资源的整合问题。以收费学校为例，它就以这样或那样的方式使学生和家长的利益受到了影响。而政府对学校的拨款也有可能影响政府财政和其他学校的资源，社会捐助更是具有较大柔性的问题。因此，学校资源的汲取必须依法而为，笔者用"依法助学"来表述这一法治路径。政府行政系统如何对学校分配资源绝对不是一个简单的行政命令的问题，而是一个严肃的法律问题。学校内部的收费和其他造血行为也必须守法守规。学校从社会系统吸收资金的行为更需要依法而为，哪怕是接受校友的捐助，也应当依法有据。如果上述五个路径都得到了很好的实现，依法治校也就指日可待了。

二、高校依法治校应遵循的原则

高校依法治校应遵循以下四个原则：

（一）法律优先原则

法律优先原则强调的是法律的位阶体系，其基本含义是指法律对于行政立法及行政法规和规章的优越地位。法律优先具体包括两方面内容：第一，在上一位阶的法律规范已有规定的情况下，下一位阶的法律规范不得与上一位阶的法律规范相抵触；第二，上一位阶法律规范没有规定，下一位阶法律规范做了规定的，一旦上一位阶法律规范就该事项做出规定，下一位阶法律规范就必须服从上一位阶法律规范。因此，法律优先，从狭义上是指法律在效力上高于任何其他法律规范。从广义上是指上一位阶的法律规范的效力高于下一位阶的法律规范。法律优先原则在于保证国家法治内部的统一与和谐。

根据法律优先原则，高校依法治校所制定和依据的规范性文件必须与宪法、教育法和高等教育法等法律保持一致，不能与法律规定相抵触，否则无效。遵循法律优先原则有助于构建完备的高校规章制度体系，使其在内容上和谐一致、形式上完整统一、层次上排列有序，使得高校依法治校工作有法可依。

（二）法律保留原则

法律保留原则是基于民主原则、法治原则和基本权利保护原则而产生的，它的基本含义是指对于影响人民自由权利的重要事项，行政行为只能在法律规定的情况下做出，法律无明确授权的，行政行为则不能合法做出。也就是说，社会生活中的某些重要事项在法律保留原则下，行政机关只有在法律授权的情况下才能实施相应的行为。

根据该原则以及《中华人民共和国立法法》第八条所体现的法律保留制度的精神，公民的基本权利只有法律才能限制与剥夺。虽然目前我国制定法和法律解释均没有明确规定公民的基本权利或者重要权利只能由法律规定，但《中华人民共和国立法法》的相关条款规定了对公民政治权利的剥夺、限制人身自由的强制措施和处罚只能由法律规定。高校依法治校工作中应贯彻法律保留原则，如在涉及高校学生根本利益的处理上，如开除学籍、不颁发毕业证书、学位证书等情形，只能以法律的形式做出规定，其他规范性文件，包括部门规章和地方立法都无权规定。

（三）正当程序原则

正当程序原则是近代行政法上的重要原则，其含义为行政主体对受行政权力运行结果影响的利害关系人在行使行政权力的过程中，应当依法将做出行政行为的根据、过程和结果向行政相对人公开，听取行政相对人的陈述和申辩，并为行政相对人提供相应的救济途径。正当程序原则承载了现代行政程序的基本价值追求——程序正义，即行政权力的运行必须符合最低限度的程序公正标准。正当程序原则的具体要求至少应包括以下几个方面：第一，程序中立。程序是中立的而不是偏私的，行政主体在作出具体行政行为时不得受各种利益和偏私的影响，应当在行政程序参与者之间处于不偏不倚的地位，从而做出符合法律规定的公正决定。第二，程序参与。程序是参与性的而不是恣意的，在行政权力运行过程中，受其结果影响的利害关系人有权利通过陈述、讨论、辩驳和说服等方式，表达自己的意见，并对行政权力运行结果的形成发挥有效作用，同时行政主体也负有倾听的义务，从而达到公众对权力运行的参与。第三，程序公开。程序是公开的而不是暗箱的，行政主体在行政程序进行过程中，应当事先告知行政相对人并向其说明作出具体行政行为的根据和结果，以使行政相对人知悉并有效参与。正当程序原则作为一项基本的、重要的法律原则被各国行政法普遍遵守和贯彻，其原因之一即在于其功能显著，意义重大，有利于防止行政权力滥用，保障实体公正的实现，也体现了对人权的保障和民主精神。

高校依法治校所制定和依据的法律规范应改变现行教育法的概括性、原则性及其连带的简略性规范形式，使其尽可能详尽、明确和具体，以确保其确定性、严密性、实用性和可操作性。在实施依法治校工作过程中必须遵守正当程序原则，高校管理者要加强程序意识，尊重被管理者的知情权、申辩权，并应履行告知义务，所有管理行为应遵守法律规定的程序。

（四）权利救济原则

权利救济原则是依法行政的一项保障性原则，其要求主要有两点：一是当行政机关在作出可能对相对人的权益产生不利影响的行政决定时，应当依法告知相对人获得权利救济的途径、方式和期限；二是当相对人认为行政机关实施行政行为侵害其合法权益时应当有权依法申请行政复议、提起行政诉讼或者要求国家赔偿。无救济即无权利，这一法律格式所强调的是，救济对于权利实现的重要作用。如果人们关注权利的实现，就必须关注权利的救济。可以说，权利自始就是与救济紧密相连的，没有救济，就没有权利。当公民的某一权利在受到侵害之后，只有可以诉诸司法裁判机构获得有效的司法救济，该权利的存在才能具有法律上的意义。为建立一种基本的法治秩序，国家不仅应将公民的一系列基本权利确立在宪法和法律之中，还必须同时为各种各样的权利提供相应的救济手段，只有这样权利才能获得法律的强有力的保护。根据这一原则，高校依法治校进程中必须完善被管理者的司法救济渠道，保障高校教职工和学生的合法权益。

三、依法治校在高校学生管理中的应用策略

（一）制定和完善我国的教育法律法规体系

当前我国对于教育方面的法律共有九部：《中华人民共和国教育法》《中华人民共和国义务教育法》《中华人民共和国高等教育法》《中华人民共和国职业教育法》《中华人民共和国教师法》《中华人民共和国民办教育促进法》《中华人民共和国学位条例》《中华人民共和国未成年人保护法》《中华人民共和国预防未成年人犯罪法》。这诸多法律都对我国教育过程中的权利义务的主体、客体之间的关系做出了规定，但是还是存在一些漏洞。因此，在制定我国的教育法律体系时，要方方面面都顾及到位，尽可能地把法律法规做到精细化，不断地改革研究当前的法律制度，促使高校的规章制度更加完善、适应高校的发展需求。

（二）健全机制，完善高校学生管理规章制度

按照法治理论通说，依法治国的"法"本身须为良法。适用到依法治校上讲，就是高校在学生管理过程中，首先要遵循法治原则要求，建立健全各项规章制度，使学生工作有章可循。从我国现阶段高校的实际情况来看，学生工作的很多内容在我国现行法律中很难找到对应条款，需要高校通过自主制定内部的规章制度加以规范。因此，高校在制定、实施学生管理内部规章制度时，首先，应当遵循法治统一原则的要求，有效保证学校的规章制度不与国家的法律法规相抵触；其次，在制定程序上，最大限度地认真收集、听取学生意见，可以采用投票表决的方式，也可以尝试类似听证的办法；最后，制定出来的规章制度要公示，尤其要在颁布前公示，加大对规章制度的宣传力度，务必让学生了解

知晓，提高学生对这些规章制度的认可度，使规章制度具有较高的公信力。

为此，高校学生工作者可在以下方面予以努力。首先，结合学校各自实际情况，在制度建设中寻找学校现有的规章制度与国家法律法规相关内容的重合点，认真研究《普通高等学校学生管理规定》，进一步认识国家法律与学校规章制度间的法律关系；其次，整理学校规章制度中与现行法律法规相抵触的部分，对不符合国家法律法规的部分要废除，对不恰当不完善的部分要酌情修改完善；最后，加强大学生的日常教育工作，密切关注大学生思想认识上的新变化和新趋势，及时调整学生工作规章制度的范围和内容。

（三）转变观念，正确把握高校与大学生之间的法律关系

首先，高校学生工作者应当转变观念，客观、理性看待新时期大学生的思想变化。大学生法律意识与权利意识的觉醒是社会进步的表现，也说明当代大学生对宪法和法律赋予的权利有了理性思考，这既有利于端正他们的学习态度，也有利于推动我国高等教育事业的发展。虽然这种变化会对当前高校学生管理工作带来一定的压力与挑战，但高校学生管理工作者积极转变观念主动出击，努力与大学生在思想认识上寻找共识，才是有效可行的做法。

其次，高校管理者，特别是高校学生管理工作者应当重新审视高校与大学生之间的法律关系。从法律角度而言，一方面，高校与学生之间既存在纵向的行政法律关系，高校受国家委托依法对大学生进行管理与培养，享有一定的行政管理职权；另一方面，大学生在高校接受高等教育，学校收取费用并提供教育与服务，这在一定程度上是一种平等主体之间的民事法律关系。两种层面的特点决定了高校与学生之间绝不是单纯的服从关系，需要将两种法律关系相结合去把握。高校作为教育机构，承担着对大学生的教育管理责任，依法享有在其特定职能范围内自主管理学生的权力，《中华人民共和国教育法》和《中华人民共和国高等教育法》都给此权力以法律保障。高校学生工作者要认识到法律关系上的这种特点，在行使管理权力时严格依法办事，自觉规范自己的公务行为；同时树立服务意识，充分尊重和保护大学生的合法权益。

（四）强化正当程序意识，完善工作程序

高校学生管理工作者需要不断提高自身法律意识，特别是正当程序意识，完善工作程序。正当的管理程序在高校学生工作中不仅体现为日常管理工作程序的有序性，更主要的在于当高校学生管理工作者在依据国家有关规定和学校内部规章制度对学生（主要是违规违纪学生）的实体权利作出处分时，除了告知

学生处理的理由和依据之外，还应尊重和保证学生作为相对人所应有的权利，比如申辩与异议权，同时明确告知学生异议期限，即在涉及学校依法依规处分学生实体权利时，要经过学生解释和申诉、学生管理工作者的调查以及必要时由专门部门的听证、有关部门根据听证意见作出处分决定、有关部门根据听证意见公告并送达学生、实施处分等程序，在最大限度上保证学生的合法权利的同时，降低学校管理合规方面的法律风险。

总之，新形势下，在依法治校视野下探讨高校学生管理，既是高校实现教书育人、以人为本的教育理念的要求，更是依法治国的要求。高校管理者要适时转变观念，正确认识学校与学生之间的法律关系，用法治思维规范高校学生管理工作。

第三章　高校学生管理法治化的
内涵和意义

高校学生管理法治化是依法治国、依法治校的延伸，是依法治校理念在高校学生管理中的实践和推演，是高校学生管理工作适应法治国家需要、走向现代高校的一个重要标志。随着全面推进依法治国和教育治理现代化的提出，依法治校成为当前高校的重要历史任务与目标，对高校学生管理提出了法治化的要求。当前我国高校学生管理存在着管理依据合法性不足、程序正当性不足等问题，已经影响到整个高校治理法治化的推进，因此，加强对高校学生管理工作的法治化研究以改善现状的需求十分紧迫。

第一节　高校学生管理法治化

一、法治的内涵

"法治"这一理念是古代西方文明的产物，法治思想起源于古希腊。最早对法治这一概念进行定义的是亚里士多德，他认为，法治应当包括两重含义：已经成立的法律获得普遍的服从，而大家所服从的法律又应该是制定得良好的法律。概括起来，即法治要符合两个条件：一是良法，二是守法。他的这一理念直接影响了近现代法治原则。

法治具有普遍权威，这一点是相对于人治而言的。在法治出现以前，人大于法的现象普遍存在。以我国的封建社会为例，随着文明的进步，封建君主有意识地要求用法规条例来治理国家，然而这些条例往往只适用于普通百姓及中下层的官员。所谓的皇子犯法与庶民同罪这一句话颇具意味，皇子犯法固然有受处罚之时，然而一旦危及统治者的利益，他们便会用各种手段来维护统治者的利益。这种意义上的法律仍然不具备普遍适用性，它的生成与废除都取决于君主的权力。与人权支配法律相对，现代意义上的法治遵循的是法律支配权利的原则，即现代法律的适用范围不仅仅在于普通的国民，也包括统治阶级的所有成员（其中包括法律的制定者和执行者）。

另外，"法治"与"法制"有所区别。法制指的是法规制度，是静态的，它是实现法治的一种手段，而法治则是一种治理方略，是一个动态的过程。这就意味着法治的实现不是通过一个阶段的强化就可以实现的，而是在不同的时期相应地调整法治的手段，才可实现全社会的法治化。

法治的内涵极为丰富。在此，对其内在价值做如下解读。

第一，法治是一种治国理政的基本方式。在我国，对于法治最为关键的解读便是党的十八大报告中所指出的——法治是治国理政的基本方式。实行法治最基本的前提便是遵循法律法规，依靠法律法规来管理国家事务。以法律来制约不确定的专横行为，并且使那些损害他人利益的行为得到应有的惩罚，从而构建一个和谐的生活环境。因此，这里强调的是法治在作为社会规范时所发挥的重要作用。

第二，法治应当成为一种生活方式。这里强调法治作为一种生活方式，指的是法治发展到一定的程度时，人们不再受到外在法律法规的约束，而是自身的行为已与法治的要求融为一体，法治已经深深地融入人们的日常生活之中，而不需要作出特意的区分。此时，人们已在无形中将法治的知识和要求作为自己生活的指南。

第三，法治的基本价值诉求在于自由。不管是外在规则的约束，还是内在法治意识对自身行为的指导，其最终目的都是为了实现人的自由生活和发展。只有在实现法治的条件下，在这样一种理性的生活方式中，人们的权利才能真正得到保障。因此，法律手段的运用绝不是为了限制社会主体的自由，而是为了维护和扩大主体的自由，这是现代法治的基本价值诉求。

二、我国高校与学生之间的法律关系

高校与学生之间的法律关系决定着高校在学生管理过程中的权力与权利，决定着学生权利的实现程序与义务履行的法定方式。高校学生管理法治化的研究，离不开对高校与学生之间法律关系的探讨。目前，我国对于高校与学生之间的法律关系也存在着不同观点。

（一）我国高校与学生之间存在平权型与隶属型两种法律关系

高校作为一个社会组织，与学生之间存在的各种关系有着错综复杂的结构和丰富繁多的层次。

一方面，高校是依公共目的设立、依法代表国家行使教育行政管理职权的教育行政机构。无论是在代表国家行使教育行政职权（如授予学位）的过程中，还是在行使法定的自主管理权进行日常学生管理的过程中，高校与学生之间都更多地表现出一种自上而下的隶属型法律关系特点。另一方面，当高校以教学及生活设施服务提供者的身份出现时，高校与学生之间则具有明显的契约性质。不过此时，高校为了维护集体生活的正常秩序，仍需对服务及资源的提供进行一些特殊的管理和约束，学生则负有遵守学校相应规章制度的义务。如在学生住宿法律关系中，学生与高校之间既存在民法上的租赁法律关系，又因学校对学生的住宿管理而受到公法的相关调整，此时这种法律关系具有一种复合性质。

总体而言，在高校与学生之间的法律关系中，至少有隶属型法律关系与平权型法律关系两种，其中隶属型法律关系除了体现为修正的特别权力关系，还有一般行政法律关系。

（二）高校学生管理视野下高校与学生之间的法律关系分析

分析判断法律关系的性质是为了适用法律的准确，因此，细化高校与学生之间隶属型与平权型法律关系的具体内容，并对两种法律关系的界限进行正确区分才是关键所在。

1. 隶属型法律关系分析——对特别权力关系的修正

隶属型法律关系是我国高校与学生之间法律关系的主要方面。从事实上看，我国目前高校与学生之间的隶属型法律关系基本上是符合特别权力关系的特点的。这种特别权力关系的背后，除了受到大陆法系学说理论的影响之外，还有着深刻的本土原因。它与我国尊师重道的传统思想以及旧社会尊卑有别的师徒关系有关。

基于这些原因及特点，特别权力关系成为解释我国高校与学生之间法律关系的最贴切的理论学说。虽然传统的特别权力关系理论造成了对公民权利的极大侵害，但基于一定的秩序价值，特别权力关系仍然有存在的必要。继续采纳并进一步研究特别权力关系，并不是对传统特别权力关系的全盘肯定与维护，对特别权力关系的继续采纳必须建立在对该理论的突破与扬弃的基础上。

在借鉴国外经验的基础上，笔者认为，对特别权力关系理论应当从以下三个方面进行修正与发展，使之适应现代法治精神的要求，从而继续为高校学生管理法治化提供理论支撑。

（1）特别权力关系理论的适用范围应当进一步缩小

这种缩小建立在对高校的学生管理行为进行进一步分类的基础上。高校实施的高权性学生管理行为至少应当分为两类：一类是作为国家教育行政机关的分支，接受法律的具体授权而代替国家行政机关行使部分教育行政权的行为，例如招生行为即应属于一种外部行政行为，授予学位行为也是高校依法律明确授权而为的具体行政行为；另一类则是高校以自己的名义行使办学自主权而做出的内部管理行为，例如日常学生管理中出现的奖惩行为及大量维持校园秩序的管理行为皆属此类。对于前一种授权事务，仍应将高校当作现行行政法上法律法规授权的组织，以行政法律规范来规制这些具体外部行政行为；而对于后一类高校自治事务，高校对此有完全管辖权和概括的命令权，这才是对特别权力关系理论进行限缩后其所适用的范围。

（2）特别权力关系理论应适用法律保留原则

作为行政法上的基本原则，法律保留原则应当选择性地适用于特别权力关系中的某些事项。对于影响到学生受教育权、人身自由权、婚姻自由权等重要权利实现的事项，高校必须在有具体法律明确授权的情况下，才可以在学生管理活动中加以限制或为学生设定相应义务。例如，学生开除学籍的处分影响到了学生受教育权的实现，这种处分所适用的情形应当由法律法规而非学校章程或更低层级的规范性文件做出规定。

（3）特别权力关系理论应在一定范围内允许司法救济

司法最终裁决是法治社会奉行的普遍原则。在高校学生管理过程中，一些涉及公民受教育权、人身自由权的保护等重大的、具有宪法意义的权利事项，应当被允许提起行政诉讼，而为避免司法对教育这个专业领域的过分介入，保障高校办学自主权，对于不涉及学生重要权利的高校学生日常管理行为仍应当继续排除司法的介入。

2. 平权型法律关系分析

高校与学生之间的某些活动并非基于利益上的垂直隶属关系而发生，例如服务消费以及侵权等法律关系，应当适用私法规范调整，双方之间形成的是平权型法律关系。

高校与学生之间的相对法律关系主要有合同关系和侵权损害赔偿法律关系两种债权法律关系。其中合同法律关系种类多样、覆盖范围广，最为常见，其包括但不限于：借用合同关系、保管合同关系、买卖合同关系、消费服务关系等。侵权损害赔偿法律关系常常在权利受损时作为法律救济手段而发生，当高校与学生一方的权利因对方侵权行为受到损害时，被侵权方有权要求对方进行侵权损害赔偿。

（三）我国高等学校管理中学生与学校之间的法律关系

从新中国成立以来的高等学校学生管理实践与司法实践中，我们可以看到国内高等学校与学生之间的关系更多地体现为特别权力关系，即高等学校之于学生主要表现为规范和约束，而保护学生的权利救济和权利保障的意识相对比较薄弱。因为如果允许学生对学校的各种管理措施不分缓急轻重都采用行政法律关系来保障救济的话，就会妨碍高等学校的正常运行。但随着时代的发展，高等学校与学生之间的契约关系被越来越多的学者认可，由于行政关系的双方权利救济不能通过私法途径，只能通过公法途径，而大学生与高校之间却存在公、私法多种救济关系，因此把高等学校与学生之间法律关系定性为纯行政关系是不合适的。尤其是目前高等教育不再实行公费，高等学校与学生之间存在的"我缴学费你教学"的关系中，契约关系的精神也得到较大的体现和认可。

第二节　高校学生管理法治化的概念及主要内容

一、高校学生管理法治化的时代背景

近些年来校生纠纷频发，导致高校学生管理法治化的呼声越来越高，深究其因是经济发展这一时代背景，我国的经济体制从计划经济体制向社会主义市场经济体制的转变，高等教育领域的深刻变化和系列改革，都与之息息相关。

改革开放前，中国实行高度集中的计划经济体制，教育必然由国家承担起全部责任，由政府代表国家举办、调控、管理教育。教育基本被定位为政治上层建筑，是一个封闭的与市场无涉的领域。高等教育领域也必然如此，高校代表政府、国家对大学生进行管理。高校和大学生具有隶属关系，高校按照政府、国家意志实施教育管理职能，缺乏自主权。大学生接受高等教育，无须缴纳学费，完全服从于高校的教育管理。

改革开放后，随着市场经济体制的建立、健全和发展，必然孕育、催生出一个倡导契约、法治的社会。市场经济是一种主体地位平等的平等经济，是一种开放的外向型经济。市场经济使得社会生产力获得了巨大解放和发展，也伴随着新的阶层的产生，人与人之间的关系不再依靠血缘亲情纽带，而是在市场经济中依靠契约来确立、调整人们之间的社会关系。平等、自由、等价交换成为市场经济的内在要求。这些要求在法律上的集中表现就是契约，可以说，这样的社会就是"契约社会"。

在市场经济中，契约取代了身份，其实质是独立的主体之间建立的相互关系和联系，亦即人的解放。契约观念是市场经济的必然要求。发展成熟的市场经济社会中，契约是整个社会的运作通则。契约是市场经济社会中主客体双方权利平等和意志自由的产物。从某种程度上说，市场经济就是契约经济。契约追求自由，即追求个人利益和幸福的自由。以契约精神为基础的法律系统，建立在互利的协议之上，保证了人民的民主权利。中国特色社会主义市场经济体制的实践表明，市场经济所推崇的契约等观念，要真正付诸实施并发挥其应有作用，离不开法治国家、法治社会的规范，也离不开契约文化的支持。人类社会发展过程就是一个由传统的非法治社会向近现代法治社会转化的过程。我国市场经济的良性发展必须要有完备的法律法规体系来规范和保障。

经过近些年来市场经济的迅速发展，市场在社会生活中的作用不断增强，社会在许多方面不再完全依附于国家，自主性也在不断增强。市场有限介入，政府有限干预，高等教育领域也是如此。包括校生纠纷在内的高校学生管理问题也应放置于这种背景之下去考察和探究。中国把教育引进市场机制，目的是通过市场力量促进教育的质量，满足不同人群对教育的需求与渴望。在社会关系发生了根本变化这一背景下，计划经济必然实现向市场经济的转变。市场经济的发展，催生高校、学生、学生家长等各类主体地位的平等。教育引入市场后，学生、学生家长在缴纳学费后，若认为高校没有满足自己的诉求，或者损害到了自身权利、利益，违背市场经济规则，有违契约观念，未能遵守高校本应履行的义务，便容易引发矛盾纠纷。在这种情况下，必须由"天生的公平派"——法律去解决，依靠法治手段来处理，呼唤法治社会的到来，依法而治解决各方的矛盾冲突，做到公正、公平，维护学校、学生等各方权益。

二、高校学生管理法治化的概念界定

通过综合分析，我们可以为高校学生管理法治化的概念作一个概述。所谓高校学生管理法治化，是指高校在对学生进行管理的过程中，遵循法治精神，以宪法和法律为基础，制定和完善高校学生管理的规章制度，并对高校学生管理行为进行规范，从而建立一个全新的学生管理秩序，以便最大限度地提高学生管理实效、保障大学生自由全面发展的过程。在这个界定中，可以对其做以下解读：

高校学生管理的规章制度和行为都要符合法律要求。高校学生管理法治化实现的过程必然包括规章制度的制定和实施，这就意味着实现高校学生管理法治化的第一步必然要做到有法可依。《中华人民共和国宪法》及《中华人民共和国教育法》《中华人民共和国高等教育法》《中华人民共和国学位法》《中华人民共和国教师法》等法律，都为其提供了法律依据。正所谓国有国法，家有家规，学校也必须有自己内部的配套的规章制度。国家所规定的教育法规只能在宏观层面对高校的管理行为进行约束，一旦涉及高校内部管理的一些问题时，很难一一通过法律程序来解决。原因有如下两点：一是高校内部所涉及的问题过多且零散，如果都走法律程序，就会导致高校管理效率低下；二是高校作为一个相对独立的组织机构，它具备自己的管理系统，如果都依靠外界的力量来解决内部问题，那它将失去自主治学的权利，从而不利于高校的发展。

高校学生管理在执行法规过程中，也必须遵守国家的法律制度。这就意味着，高校管理者主要的任务是维护大学生的合法权益，而不是倚仗自身的权力去剥夺大学生的利益。尤其是在对学生作出处罚时，更不可凭借个人的主观判断便对学生的行为下定论，做出不恰当的处罚。高校学生管理工作要做到依照事实说话，依靠证据办事，而不是凭一人或几人之辞便对学生进行处罚。必要时，还应该实地取证或者举办听证会等，并为广大学生建立监督机制和合法的救济程序。

高校学生管理法治化的根本任务是构建一个全新的管理秩序。所谓无规矩不成方圆，秩序在生活中起着至关重要的作用。同样，高校学生管理一旦缺失了基本的管理规则，那么学校的一切工作将无法正常运行。高校学生管理法治化最基本的价值表现在其工具价值上，即作为管理手段对管理行为、学生行为的约束作用。当然，秩序又存在人治秩序与法律秩序之分。在法治实行以前，人治思想占据统治地位，社会所形成的基本规范乃是人治秩序。在人治秩序中，统治者起决定性的作用，这种主观的管理方式往往给社会带来诸多不确定因素。而在法治社会中，法律法规是社会必须遵循的基本准则，所构建的是一种理性秩序。这一秩序是一种理性、持续、稳定的社会状态，这种状态和结果在社会中既是法治存在的依据，又是法治运行的结果。因此，要实现高校学生管理法治化，首要追求的就是秩序。

高校学生管理法治化最根本的价值诉求是促进人的发展。首先，这应体现在学校的规章制度中，即所有成员遵循的制度应该符合法治要求。这里的"符合法治要求"具有两层含义：一是上文所提及的合法性，即规章制度的制定都需要符合法律的要求；二是这些规章制度必须要符合学生的身心发展规律及大学生的发展需求，而不是一味地专制独行，纯粹按照管理者的想法和需求来制定学校的规章制度。其次，这体现在高校学生管理法治化的目标上。高校学生管理法治化的最终目标是保障学生自由全面的发展。因此，在治校的过程中，在遵循法律的同时，高校学生管理工作者还应适当地进行思想政治教育，对于那些违规违纪的学生，应做到教育为主，惩罚为辅，毕竟高校学生管理法治化的目并不是要去处罚学生，而是引导学生走向正确的方向。在高校管理的各个环节中，人是最基本最核心的因素，如果一味地强调用规章制度去惩罚学生，那么高校学生管理法治化就失去了它的意义，违背了法治的基本精神，这也是高校学生管理者应该避免的一个误区。

三、高校学生管理法治化的主要内容

近年来，高校法律纠纷频频出现。纠纷的实质是教育者法律意识不足和学生主体权利意识增强之间的冲突，是学生管理制度和学生权利之间的冲突，是矛盾处理程序和学生正当权益的冲突。在高校学生管理中可能涉及侵权的内容主要有以下几个方面。

（一）学生的受教育权

受教育权是指公民所享有的并由宪法保障实现的公民接受教育的权利。在历史上，教育往往与社会的特权联系在一起，表现出特权利益，由于享受教育权的不平等，社会的弱者有可能失去人的基本尊严。现代法治中的受教育权是一项宪法规定的基本权利，《中华人民共和国宪法》第四十六条明确规定：中华人民共和国公民有受教育的权利和义务。"生告校案"——田永诉北京科技大学拒发毕业证、学位证案及此后北大博士生刘燕文为学位状告北大案，这两案均因学生的受教育权利受到侵犯而得到当时社会的广泛关注。实践中出现的由于高校不合理限制残疾学生受教育、暗箱操作录取考生及超额收取不合理费用等引发的侵权案件逐渐增多，因此，如何保障学生基本的受教育权已成为新时期高校学生管理法治化的重要组成部分。

（二）学生的人格权

人格权主要包括生命权、健康权、名誉权、隐私权、肖像权等。对于人格权,《中华人民共和国宪法》第三十七条规定:中华人民共和国公民的人身自由不受侵犯;第三十八条规定:中华人民共和国公民的人格尊严不受侵犯。《中华人民共和国民法通则》第五条规定:公民、法人的合法的民事权益受法律保护,任何组织和个人不得侵犯;第九十八条规定:公民享有生命健康权;第一百零一条规定:公民、法人享有名誉权,公民的人格尊严受法律保护,禁止用侮辱、诽谤等方式损害公民、法人的名誉;第一百零三条规定:公民享有婚姻自主权,禁止买卖、包办婚姻和其他干涉婚姻自由的行为;第一百二十条规定:公民的姓名权、肖像权、名誉权、荣誉权受到侵害的,有权要求停止侵害,恢复名誉,消除影响,赔礼道歉,并可以要求赔偿损失。此外,最高人民法院《关于贯彻执行〈中华人民共和国民法通则〉若干问题的意见(试行)》中,有关公民人格权保护的条款有第一百四十条:以书面、口头等形式宣扬他人的隐私,或捏造事实公然丑化他人人格,以及用侮辱、诽谤等方式损害他人名誉,造成一定影响的,应当认定为侵害公民名誉权的行为。《中华人民共和国教育法》第四十二条第四款与第五款规定受教育者享有以下权利:对学校给予的处分不服向有关部门提出申诉,对学校、教师侵犯其人身权、财产权等合法权益,提出申诉或者依法提起诉讼;法律、法规规定的其他权利。在新时期高校与学生的法律纠纷中,学生人格权受到侵犯的现象屡见不鲜。

1. 学生的隐私权

隐私权是指公民享有的私人生活安宁与私人信息依法受到保护,不被他人非法侵扰、知悉、搜集、利用和公开等的一种人格权。新时期随着学生维权意识的增强,高校的规章制度与学生的隐私保护频频发生冲突,反映了我国高校在对待学生的隐私权管理上需要予以重视。

2. 学生的名誉权

名誉权是自然人和法人、非法人组织就其自身属性和价值所获得的社会评价,享有的保护和维护的具体人格权。在现实生活中,公民和法人都享有名誉权,《中华人民共和国民法通则》第一百零一条规定:公民、法人享有名誉权。最高人民法院《关于审理名誉权案件若干问题的解答》指出:对未经他人同意,擅自公布他人隐私材料或者以书面、口头形式宣扬他人隐私,致他人名誉受到损害的,按照侵害他人名誉权处理。在高校中,侵犯学生名誉权表现为以谩骂、体罚为主的对学生的处罚以及对学生作弊的认定。

3. 学生的生命健康权

《中华人民共和国民法通则》第九十八条明确规定:公民享有生命健康权。

生命健康权是生命权、健康权、身体权的统称。当前，在高校学生管理中，学校侵犯大学生生命健康权主要表现在后勤管理中。近年来，高校后勤社会化改革逐步深入，取得了很大的成绩，然而也存在许多问题。以高校食堂管理为例，许多高校以包代管，未建立与承包责任制相适应的监管机制，从而造成管理上的失控。承包者往往以营利为目的，食品加工质次价高，对大学生的身心健康造成极大伤害。

4. 学生的姓名权

姓名权是指公民依法享有的决定、使用、变更自己姓名，并要求他人尊重自己姓名的权利。对于高校学生这一特定主体而言，姓名权主要体现于姓名使用权，姓名权具有很强的附属性，与权利参与人密不可分。高校在学生管理过程中可能遭遇的姓名权方面的诉讼有：干涉学生姓名的使用；干涉学生改变姓名的自由；以学生的名义参加社会活动，如假冒学生姓名发表作品，假冒学生姓名缔结合同等。

（三）学生的财产权

财产权是受到宪法和法律保护的一种公民基本权利。在高校管理中，有时会看到管理人员以种种理由没收或扣押学生财产的事例，高校教师没有权力没收和扣押学生财产。因为我国法律规定，只有在行政处罚和刑事没收中才可以没收公民的财产，只有在刑事诉讼和行政执法中才可以扣押公民财产。学校没有权力扣押、没收任何财物，即使高校扣押了学生的违纪物品，也必须按法定程序办理。按照相关法律规定，高校作为管理方或行政处罚机关，若在搜查或扣押中损害学生的财物，可能要承担民事赔偿和行政赔偿责任。新时期高校侵犯学生财产权可能涉及的有：

1. 巧立名目乱收费

随着我国高等教育的改革与发展，高等教育正在逐步走向市场化，原来计划经济条件下的大学生免费上学的时代已一去不复返，高等教育收费制度是这场改革中的显著标志。目前，公立高等学校的学费每生每年基本上在 6000 元左右，民办高校或国有民办二级学院的学费更是高得惊人，基本上是全额收费。某些特殊专业的学费高达 15000 元，这还不包括每年 500 元至 1200 元不等的住宿费以及其他的一些费用。基于国家对于增加个人教育成本分担的规定要求，除了学费之外，部分学校树起各种招牌收取费用，由于对相关政策的不了解，许多家长和学生对高校的收费从不质疑。但是，花样繁多的教育费用的确给许多家庭带来了沉重的经济负担。《中华人民共和国教育法》第七十八条明确规定:负担学校及其他教育机构违反国家有关规定向受教育者收取费用的,由教育行政部门责令退还所收费用;对直接负责的主管人员和其他直接责任人员,依法给予行政处分。

2. 学生财产安全无保障

侵犯学生的财产权一般表现为两种情况:一种是学校程序不当,没收或扣押学生的私有财产;另一种是对学生在公寓内丢失钱财、物品等处理不当。采取适当的措施确保学生公寓的财产安全是高等学校的一项法律义务,学生向学校缴纳了一定的住宿费用,就应该得到相应的财产保障,当学生因非个人因素在公寓内丢失钱物时,学校的管理者和保卫者就应承担相应的责任。但现实情况是许多学生的财、物在丢失以后往往是寻找无门。

3. 奖贷程序不合理

奖励和贷款是指家庭经济确有困难、学习努力、遵守国家法律和学校纪律的学生,有权按国家有关规定获得奖学金、贷学金和助学金。但由于部分高校在执行有关国家规定时操作程序不当,审核程序不严,以致出现真正有困难而又品学兼优的学生得不到奖学金或助学金的情况,严重侵害了这部分学生的权益。根据《普通高等学校本、专科学生实行奖学金制度的办法》,普通高等学校学生有获得奖学金的权利,对企事业组织、社会团体和学校设立的奖学金,品学兼优的学生或符合其他规定条件的学生,有权申请。

随着我国高等教育收费制度的改革,大学生必须按国家规定缴纳学费,这是大学生应当履行的义务,但《中华人民共和国高等教育法》同时规定,家庭经济困难的学生,可以申请补助或者减免学费。另外,根据《中国人民银行助学贷款管理办法》规定,经济困难、学习努力、诚实守信、遵纪守法的学生均有权提出贷款申请,以解决在校学习期间的学费和生活费用。但是大部分师生并没有认识到维护奖贷权的重要性,即使权益受到危害,也只认为运气不好,相关的法律案件暂时空白。

（四）学生的知情权和监督权

学生的知情权和监督权是指大学生对学校的各种规章制度、学校的发展状况、自己所学专业的发展前景、本专业的师资队伍水平、本专业的课程设置以及经费投入等基本情况有全面了解和监督的权利。《中华人民共和国教育法》规定:学校及其他教育机构应当以适当方式为受教育者及其监护人了解受教育者的学业成绩及其他有关情况提供便利。这是学校应当履行的义务，也是学生应享有的权利。同时，学生有对教师的教学水平、教学态度以及课堂教学质量、学校教学经费投入情况等进行监督的权利。当自身的知情权和监督权受到侵害时，大学生应合法地维护自身利益，这也是高校新时期大学生所享有的基本权利。

（五）学生的获得公正评价权

获得公正评价权包括两方面的内容：一是学生在学习期间有权获得公正的学业成绩评价和品行评价；二是学生在完成规定学业以后，有权获得相应的学业证书、学位证书的权利。《中华人民共和国教育法》第四十三条第三款规定，受教育者享有在学业成绩和品行上获得公正评价，完成规定的学业后获得相应的学业证书、学位证书的权利。教育者对受教育者的评价应该客观公正，这既是学生的一项权利，也是对教师师德的要求。学校和老师应本着认真负责的精神，科学合理、公平、公正地对学生进行评价，学生对评价中的失实、失真和不公正问题，有权通过正当途径，依法要求学校和教育主管部门予以改正。

（六）学生的程序性权利

对于学校的处分，学生享有被告知权、申辩权、申诉权、诉讼权等程序性权利。然而，在目前高校学生管理中，重实体、轻程序的倾向明显。新时期学生程序性权利得不到保障的情形主要表现在处分学生的过程中，只体现学校管理者的单方意志，不注重调查取证，没有听证会，学生也没有机会申辩；在事后救济方面，学生的申诉权往往不能有效行使，其诉讼权也得不到保障。

第三节　高校学生管理法治化的必要性及面临的挑战

一、高校学生管理法治化的必要性与紧迫性

（一）高校学生管理法治化的必要性

1.高校学生管理法治化是依法治国的客观要求

依法治国，建设社会主义法治国家，已成为加强社会主义民主和法治建设的最强音。全面依法治国应当将社会中各种关系纳入法治的范围，由人治单元组成的法治社会是不可想象的。在这样一个大背景下，学生与高校的关系发生

了变化。过去我国高校运行的经费来自国家拨款，高校管理者的管理权是行政权力的一部分。虽然从宏观上讲，国家行政权来自人民的公意，但特定到学生与学校的这一具体关系，则是一种纵向的服从关系。但普通高校全部实行并轨招生后，学生自费就学、自主择业，学校收取费用、提供服务，学生与学校之间的关系转变为契约关系。管理者的管理活动不再依据其作为管理者的身份，而是依据契约。与学生达成的契约以及学生之间达成的契约，这二者之间时有交叉。由此，在高校学生管理工作中，学校更多的是以民事主体的身份出现的，当然也不排除其出于社会公益目的而为公法授权之行为，比如依据《中华人民共和国教育法》对学生学籍进行管理，依据《学士学位授权与授予管理办法》授予学生学位以及依据原国家教委《普通高等学校学生管理规定》行使相应的行政管理权，但其管理活动必须纳入法治的轨道是毋庸置疑的。

可见，高校学生管理法治化是高校社会主义办学方向的要求。高校作为社会的重要组成部分，作为科技、文化的辐射源，对于整个社会的法治化建设都具有重要影响。社会主义法治化国家的建立，不仅需要有完备的法律体系，更需要全体公民具有良好的法律意识和法律素质。高校培养的人才是未来我国经济和社会发展的重要力量，其法律意识、法治观念能否确立直接关系到他们今后社会生活中的行为方式是否符合法律规范，关系到国家事业的成败。同时大学生作为较高文化素质的人才，其言行举止对社会具有较强的影响和示范作用，对他们进行法律意识、法治观念的教育，运用法律手段来规范他们的学习、生活，促进他们素质的全面提高，使他们养成遵纪守法的习惯，有利于推进全社会的法治化进程。

2. 高校学生管理法治化是培养社会主义合格建设者的重要保障

进入 21 世纪，国家间的竞争主要是人才资源的竞争，大学生是国家宝贵的人才资源，培养具有较高法律素质的大学生是国家教育的任务。大学生是中国特色社会主义建设事业的接班人，他们的法律素质不仅关系到自身未来的发展前途，而且还是影响国家现代化建设事业的重要因素。高校在推动社会文化、经济发展方面起着重要作用，对实现我国高校学生管理法治化担负着重要责任，其法律理念和依法办事的原则对学生有着重要的示范和指导作用。现代高校学生管理法治教育要适应建设社会主义法治国家的需求，就必须从高校理论教育和具体实践两个层面去实施法治教育，特别是在学生管理工作中要灌输法治思想，建立健全学校各项规章制度，严格依法办事，在学生中形成讲法律、积极参与高校学生管理、自觉维护校规校纪的良好氛围。

高校学生管理工作法治化是我国在高校领域贯彻落实依法治国基本方针、

培养有较高法律素质的新一代大学生的具体实践。在高校学生管理活动中要把社会主义法治理念贯穿于活动的全过程，把学生培养教育成具备法律意识并且遵纪守法的合格公民，是高校学生管理活动的一项重要内容。在日常的学生管理过程中适时对学生普及一些法律常识、加强学生的法治观念极有必要。只有推进高校学生管理法治化建设的进程，推进依法治校的实施，才能培养社会主义合格建设者。

3. 高校学生管理法治化是高校管理体制改革的内在要求

在市场经济体制下，高校已从计划体制下的纯公益性事业单位，转变为既坚持公益性又有产业性的教育实体。高校作为独立的事业法人，享有办学自主权。学生享有自主决定报考学校及专业类型、缴费上学、接受高质量的服务和受教育的权利。学校与学生的行为受双方各自利益的约束，即合同的调整。学生报到注册、取得学籍即表明接受学校的教育、管理和服务，遵守学校的规章制度，缴费上学。学校接收学生入学，表明学校要按约提供优质的教育教学服务，使学生圆满完成学业。双方依合同约定享有权利和履行义务。如学生违反合同，不履行遵守校纪校规的义务，则学校按规章制度规定及合同约定行使权力给学生以处分，学生承担相应责任。反之，学校不履行义务，则学生行使权利，如请求权、申诉权甚至使用诉讼权维护自己的正当权益，学校应承担相应责任。随着高校内部管理体制改革的不断深入，高校后勤社会化的进程日趋加快，高校不再依据其作为管理者的身份，而是依据与学生达成的契约对学生进行管理。社会化的后勤系统实行开放的管理，要使大学生既能适应后勤服务社会化的管理，又要实现高校教育培养目标。实现学校管理与社会管理的接轨，就必须实现高校学生管理法治化。

4. 高校学生管理法治化是高等教育国际化的必然趋势

世界发达国家的一些经验表明，高校管理的法治化、科学化在很大程度上影响着高校教育的质量，甚至会影响国民的全面素质和国家的综合国力。"二战"后迅速崛起的美、英、法、日等发达国家，都向世人揭示了这一观点。"二战"后的日本除重视教育、注重增加投资外，还通过一系列法治方式规范学校管理、发展教育，从而促进社会经济发展和综合国力的提升。以1947年颁布《学校教育法》为标志，日本高校管理实施依法治校的理念。同时美国也以教育管理法治化为特色，最显著的一点是依法高度自治，高校的运行一直受到宪法、法律等的监督和检查，在美国的高校教育管理中，法律的地位日渐重要。马萨诸塞州在1643年和1647年就先后颁布过两个义务教育法。随后美国开始了一系列的教育立法，除了国会制定的法律之外，各个州还通过了许多重要的法规，各教育部门、学校和公民都必须遵守执行，美国国家教育管理正是因做到了有法可依、有法必依，从而保障和促进了美国教育的发展。

国外发达国家高校学生管理工作，一般呈现如下发展规律：一是法制化与规范化。许多发达国家都十分重视高校学生管理的各类法律和法令，并试图形成相互衔接和相互联系的法律体系，切实做到学生管理规范化，确保学生管理的合理性和合法性，从而提高管理效率。二是高校学生管理服务职能不断强化。一切为学生服务、一切以学生满意为管理宗旨是国外发达国家高校学生管理工作的出发点和落脚点。三是以学生为本的治校理念不断深入。高等学校学生管理应该本着以学生为本的理念，同时这也是现代法律精神的体现。联合国教科文组织在法国巴黎举行的世界高等教育大会发表的《21世纪的高等教育：展望和行动世界宣言》中也提出以学生为中心的理念。

如果我国高等教育要实现跻身于世界高水平高等教育行列的目标，就必须要加强高校学生管理工作法治化，尊重学生中心主体地位，保障学生各项权利的实现。

（二）高校学生管理的紧迫性

高校学生管理法治化的紧迫性，从我国高等教育大的层面来看，法律规定的缺位、滞后是高校学生管理法治化进程中亟待解决的问题。在我国高等教育方面法律规定的缺位，最突出的表现是在缺乏必要的纠纷解决机制方面，尤其是缺乏受处分学生对处分不服如何救济的法律程序。众所周知，在改革开放至今的40多年里，尤其是近些年，我国高等教育取得了突飞猛进的发展，高等教育领域正在进行着一场深刻的革命；加之近些年社会经济、文化的迅速发展及人们观念的改变，我国高等教育正面临着前所未有的新形势。

二、高校学生管理法治化面临的挑战

近几年，高校学生上访告状的案件不断增加。根据相关资料，现在学生控告高校的行政诉讼案件依照起诉的原因不同大致可以分为七类情况：第一类是因考试作弊被取消学位的；第二类是考试不及格科目超过学校规定的次数被取消学位的；第三类是没有通过大学英语四级被取消毕业证和学位证的；第四类是学校侵权未尽义务的；第五类是学生在上学期间遭受侵害的；第六类是学生因违反学校纪律和规定被劝退的；第七类是学校不按规定乱向学生收取各种费用的。

综上来看，我国学生控告高校的诉讼大致上可以分为两大类：第一类是民事诉讼，例如学校教育服务功能没有达到预期目标、高校缴费产生纠纷的、学生在上学期间被伤害的、高校的基础设施有问题的、高校对学生没能做到充分监管的；第二类是行政诉讼，例如学生由于某些缘故没有取得毕业证和学位证的、学生因违反学校纪律和学校有关规定受到学校处分的等。

从以上这些情况我们能够总结出一些结论：近几年，高校涉诉案件的数量越来越多，呈不断增长的趋势，诉讼种类比较繁多并且有很大的影响。身为高校管理人员，尤其是从事学生工作的管理人员要以正确的态度看待这种诉讼事件所表现出的社会影响，并且要善于总结经验和吸取教训。

（一）对高校学生管理理念提出挑战

对于高校学生管理工作的价值理念，以前通常是以能够有效地调整和维护正常的学生管理工作的秩序为出发点，而对怎样才能更好地保障学生合法权益不够重视。随着我国法治化建设事业的发展，以往的思想观念受到挑战。

为了对学生管理工作进行有序化管理，高校学生管理工作自然而然增加了对法治的需求。大学从一定程度上说是一个比较复杂的组织，然而学生管理工作的对象是思想观念易受外界影响的独立个体。现在的大学生思想的跳跃性比较大，很乐于接受新奇事物，独特的个性是他们的显著特征。由于这些特点导致整体性管理与个性化教育的矛盾，倘若没有统一化的、规范性的管理，一定会产生混乱的状态。高校学生管理者在面对各种复杂的问题与困惑时，自然而然地会期望得到法治理念、法律权威的帮助，以期能够顺利地进行学生管理活动。所以，在国家高度重视社会主义法治建设的当今社会，教育管理期待高校学生管理法治化。

由于法的价值作用也就是实现人的价值作用，法的价值主体是人。所以从这个层面上来讲，法的核心是权利。近些年来，人权法学逐渐被大家认可赞同。这种认可不仅表明人们对法治和人权关系的认识与理解，而且还表明我国的法治建设开始步入了对人的权利进行充分而又全面的肯定时期，从侧面表现出对人类法治的终极思考，对人权法学的认可从一定程度上反映出中国特色社会主义法治建设事业的不断完善。论及高校学生管理的法治研究，当然无法躲避对法治的终极思考。在以往的高校诉讼案里，人性的尊严现在正由一种潜在的要求逐渐转变为现实的需求，高校的学生群体也开始主张学生管理中主体地位的平等，主张在学生管理中对自己教育权益及其他合法权益的维护。这些都全面地反映出，在高校学生管理工作中，学生越来越重视自己的受教育权的保护以及实现的问题。

（二）对高校学生管理程序提出挑战

高校学生管理工作中的一些非常重要的环节，因为缺乏符合法治精神的程序规范和应有的保障制约机制而出现脱节现象，产生一些本不该产生的问题。例如田永案表达出来的一个主要问题，是学校的内部管理缺乏有效而稳定的秩序。这个案件学校败诉的一个主要原因，是高校对田永作出的退学处理决定没有实际地实施，田永被学校认定考场作弊，学校按照管理规定把田永进行退学处理后，仅仅签发了期末考试违规人员通告和学生学籍变动通知单，一直没有给田永办理正常的退学手续。在接下来的两年学校生活和学习中，田永仍旧是正常学生的身份，以学生的身份不中断地参与学校组织的各种学习活动，继续利用学校提供的基础设施和教学设施。田永所在学校的学籍管理部门像对正常的学生那样给田永注册学籍，学生工作处和后勤集团仍旧接着给田永提供各种补贴，教务处依旧给田永提供相关培养，直到毕业前田永修够学校要求的学分、完成毕业论文并答辩通过。这些存在事实证明，把田永按照退学处理的决定并没有发生法律的效力。但是在田永将近毕业时，该校相关部门告知田永所在的院系，由于已经对田永做出退学处理，所以不给田永发放毕业证和学位证，更不能给田永实施正常学生的毕业派遣工作。田永案充分地反映出高校学生管理的程序存在紊乱的状态。高校对学生的管理权力归于国家的授权，本身是合法的，但是并不能说明学校教育管理的具体行为是合法行为。高校学生管理权是不是能够公正地、科学地履行，还应当与学生管理权适应的合法程序的维护有关。在高校学生管理活动中要采取正当程序的原则，保证高校学生管理行为的公开、公正和公平。

把高校学生管理权力的运行纳入程序化和规范化的法治轨道，是实行依法治校的一个基本要求。司法审查的介入把校园的平静局面打破了，引起了强烈的社会反响，不断促使高校学生管理程序的健全发展。

对高校学生管理权力的司法审查，不仅在其具体实施时能够有力地维护权力相对人的合法利益，而且因为司法审查的存在，使高校学生管理工作者依法实施权力，规范了高校学生管理工作者的行为，促使高校学生管理工作者自觉地依法办事。

（三）对高校学生管理的行政权威提出挑战

高校权威具有双重性：第一是学校的学术权威，第二是学校的行政权威。高校作为国家事业单位，在政府的管辖之下进行办学活动，学校自身也实行行政化的管理方式，这就决定了高校具有大致相像于政府的行政权威。笔者觉得高校学生管理的权威应当归于行政权威，通过行政权威能够有效地协调各部门的工作，促使各部门工作的顺利开展，通过行政权威高校能够充分发挥学生管理的功能。现在，学者普遍认可国家授权高校对大学生进行学生管理的这一职能，但是这种行政权威不是绝对地能够确保管理程序上的规范与公平。从以上学生状告母校的行政诉讼案件与日俱增，尤其是司法审查的进入，我们能够得知原有的行政权威所具有的强制性、无偿性和不可诉性，正在面临着巨大的挑战。与此同时，学生的法治意识也随着时代的发展不断提高，他们认为之所以控告母校，因为自身的合法利益受到母校的侵犯，他们还认为通过控告母校能够从一定的程度上提醒母校完善学校的规章制度、管理方法。

仔细审查这些学生状告高校的案件，高校之所以败诉有两方面的缘故：第一是高校在体制改革中，本身的部分规章制度没有跟上发展的现状，新的制度和原有的制度之间还没能够很好地融合在一起，有时新旧制度还会产生矛盾的现象，结果让学生控告高校找到了机会。第二是高校学生管理工作中对程序规范问题没有做到应有的重视。例如田永案折射出的情况含蓄地说就是高校学生管理工作部门与校内其他部门，尤其是教学部门与学生管理部门没有进行有效的交流，其实是高校管理没有秩序，缺乏严肃性。倘若高校学生管理程序不规范，那么怎样体现高校学生管理的权威性。

在高校发展的历程中，高校学生管理行政的权威正在逐渐受到外界的挑战。十一届三中全会后的 40 多年以来，随着社会主义市场经济的发展，人们的思想观念、价值观念也在逐渐地发生着变化，政府在管理模式上向法治化方向转变。高校学生管理是意识形态教育及人才培养的重要环节，高校的主体地位必须相像于政府行政主体，应当要把法治当成其需要具备的最基本行政管理方式。在高校法治化的发展历程中，只有通过教育方面的法律、法规以及学校内部的规章制度来处理教学管理中的行政事务，才能树立学校的权威。高校学生管理的权威基础应当是法的权威，也就是说，高校的教育管理权力来自法的授权，其运行依据于法，其处理程序一定要符合法的要求，并且高校应当对其行为的结果独立承担法律责任。

（四）对高校学生管理者的法律素质提出挑战

很长时间以来，高校学生管理工作者以自己较高的综合素质为学生管理活动做出了值得肯定的贡献。然而，伴随着时间的流逝，具有丰富阅历的学生管理工作者大部分退居二线，新一批高校学生管理工作者由于自身阅历及经验的不足，还需要经历一个漫长的发展时期才能熟练掌握学生管理工作的技能。1999 年我国高校开始扩招，到 2012 年，高校的录取比例约为 75%，表明在校大学生人数逐年增多，不同地域、不同背景的学生生活在一个环境里，从客观上增加了高校学生管理的任务量和难度。

然而作为学生管理工作的主体——辅导员，其配备却跟不上日益壮大的大学生队伍，不能满足学生管理工作的需求，导致绝大部分辅导员力不从心，一些辅导员把主要精力分配在一些日常的行政事务工作上，几乎不能腾出更多的时间去认真地探究高校学生管理工作中可能关联到的教育方面的法律法规。加之辅导员并不都是思政或法律专业出身的，大多是其他学科专业的毕业生。因此现在以辅导员为主体的高校学生管理工作队伍的法律知识大多比较缺乏，部分辅导员甚至在日常的教育管理工作中遇到关于学生相关权益受到侵害的法律问题时，不知道如何解决。高校学生管理法治化对学生管理工作者的法律素质提出了挑战。

第四节　高校学生管理法治化的可行性和重要意义

一、高校学生管理法治化的可行性

1. 依法治国方略为高校学生管理法治化提供了政策依据

1997 年，党的十五大正式把"依法治国"确定为党领导人民治理国家的基本方略。1999 年，全国人大以宪法修正案的形式把"实行依法治国，建设社会主义法治国家"正式载入宪法。由此高等学校依法治校、实现高等学校学生管理法治化有了政策的依据。1999 年，《中共中央、国务院关于深化教育改革，全面推进素质教育的决定》指出：全面推进素质教育，根本上靠法治、靠制度保障。

依法治国的主体是中国共产党领导下的人民群众；依法治国的本质是崇尚宪法和法律在国家政治、经济和社会生活中的权威，彻底否定人治，确立法大于人、法高于权的原则，使社会主义民主制度和法律不受个人意志的影响；依法治国的根本目的是保证人民充分行使当家作主的权利，维护人民当家作主的地位。依法治国是一切国家机关必须遵循的基本原则；立法机关要严格按照立法法制定法律，逐步建立起完备的法律体系，使国家各项事业有法可依。有法可依是实现依法治国的前提条件。行政机关要严格依法行政。依法行政就是要求各级政府及其工作人员严格依法行使其权力，依法处理国家各种事务。它是依法治国的重要环节。司法机关要公正司法、严格执法。总之，依法治国要求各国家机关切实做到有法必依、执法必严、违法必究。

2. 法律法规的不断完善为学生管理提供了法律依据

高校学生管理要依法进行，就必须有强有力的法律法规作后盾。我国的法律法规已形成较为完整的体系，从国家的根本大法《中华人民共和国宪法》到《中华人民共和国教育法》《中华人民共和国教师法》《中华人民共和国高等教育法》等法律法规，对高等教育中的相应问题都作了具体的规范。为了适应新时期的需要以及维护普通高等学校正常的教育教学秩序和生活秩序，保障学生身心健康，促进学生德、智、体、美全面发展，依据《中华人民共和国教育法》《中华人民共和国高等教育法》以及其他有关法律、法规，2005 年教育部正式颁布了《普通高等学校学生管理规定》（以下简称《规定》）。此《规定》适用于普通高等学校、承担研究生教育任务的科学研究机构，对接受普通高等学历教育的研究生和本科、专科（高职）学生的管理。《规定》的出台，体现出与时代的适应，与依法治国的承接，学校规章逐步与相关法律接轨，标志着我国高校学生管理法治化又迈上了一个新的台阶。

《规定》中的一个显著亮点就是增加了学生的权利和义务专章，首次明确了学生所享有的六项受教育权利和应当履行的六项义务。《规定》增加了入伍学生可保留学籍至退役后一年的政策规定；增加了触犯国家法律，构成刑事犯罪的、违反治安管理规定受到处罚，性质恶劣的开除学籍等规定；规定学校对学生的处分，应当做到程序正当、证据充足、依据明确、定性准确、处分适当，学校对学生作出开除学籍处分决定，应当由校长会议研究决定，学校对学生作出处分，应当出具处分决定书，送交本人。开除学籍的处分决定书报学校所在地省级教育行政部门备案。《规定》还规定了学生对处分享有陈述权、申辩权和申诉权。规定学校在对学生处分之前，应听取学生或其代理人的陈述和申辩，学校应当成立学生申诉处理委员会，受理学生对取消入学资格、退学处理或违规、违纪处分的申诉，学生申诉处理委员会对学生提出的申诉进行复查，并在接到书面申诉之日起 15 个工作日内，作出复查结论并告知申诉人、学生对复查决定有异议的，在接到学校复查决定书之日起 15 个工作日内，可向学校所在地省级教育行政部门提出书面申诉，省级教育行政部门在接到学生书面申诉之日起 30 个工作日内，应当对申诉人的问题给予处理并答复。这些规定把学校管理权限定在一定的范围之内，对学生处理和违纪处分标准也更加明确清晰，使学生权益得到更大的保障。

3. 教育公平理念的深入为学生管理提供了有利环境

随着时代的变迁与发展，当今教育已从社会经济的边缘逐渐走向社会经济的中心，教育的公平问题也日益成为我国社会生活和教育领域备受关注的热点问题。《中华人民共和国宪法》第四十六条规定：中华人民共和国公民有受教育的权利和义务。《中华人民共和国高等教育法》第九条规定：公民依法享有接受高等教育的权利。这些都为教育公平提供了有力的法律保障和依据。近年来，国家通过加大公共投资力度、鼓励社会办学、实施个人分担高等教育成本和促进教育资助体系的建立与完善等方式给高等教育发展以更大的空间，形成了公办、民办相结合的多种灵活的高等教育办学体系，实行了以助学贷款为主，奖学金、助学金为辅的多元资助体系，资助主体包括政府、学校、社会团体、企业和个人，资助体系解决了广大学生接受高等教育的需求与经济承受能力的矛盾，保证了高等教育就学机会的开放性与公平性。当然，随着高等教育的不断发展，新时期的高教学生管理中会有新的问题和矛盾出现。这就要求管理者在充分认识教育公平，贯彻落实科学发展观、构建和谐社会重要作用的基础上，不断地去完善相关法规、政策、制度，尽最大的力量去追求教育公平，实践教育公平。

4. 学生维权意识的提高促使学生关注学校管理的相关事宜

鼓励学生参与管理是近年来世界高等教育管理发展的大趋势，也是以人为本的科学发展观在高等教育领域的具体体现，更是提升大学生的社会责任感和公民道德素质，养成现代民主法治观念的有效途径和方法。在我国高校，学生工作的重心在系里，各系都有分管学生工作的党总支副书记和副系主任，下设年级政治辅导员，以班级为单位管理学生。学校和院系虽然也设立学生组织，如学生会、各种社团组织等，但并不能真实反映大学生对参与学校管理的态度和想法。近年来，随着公民道德教育活动和各种法治宣传活动的实施和开展，大学生在社会责任感提升的同时，法治观念也在逐渐增强并开始重视自身权益的维护，积极主动地参与到与学校相关的各项活动中去。这不仅能促进大学生民主参与机制的建立、推进高校民主管理进程，也为学校决策者提供了相关的参考意见，让学校管理者在充分尊重学生人格和合法权利的基础上承认学生在高校运行中的主体地位，努力营造有利于学生参与的政治文化氛围，为学生参与高校决策和管理创造良好的环境。

二、高校学生管理法治化的重要意义

（一）高校学生管理法治化有助于高校学生管理目标的实现

高校学生管理工作的目标是端正教育思想，加速管理改革，实现学生管理的科学化，为培养和造就能够坚持四项基本原则，能够独立思考，有献身精神，有开拓创新精神，综合素质全面发展的大学生创造出最优化的成才环境和成才条件。在高校学生管理中实施法治可以通过法律对高校学生管理行为的规范来实现。

首先，法律作为一种社会规范，在国家强制力保证下对学生管理活动的规范作用，是其他任何一种社会规范所不及的。高校学生管理工作中实施法治，可以通过国家强制力来监督学生管理者合理合法行使管理权力。其次，基于国家教育法律规范实施法治，可以为高校学生管理工作确定一个客观统一的标准，从而确保高校学生管理行为本身符合法治要求，避免和减少管理者主观意志对学生管理活动的影响。最后，最为可贵之处在于，在高校学生管理中实施法治，就是承认司法审查对高校学生管理工作的介入，以制度督促高校合法行使管理权力，否则高校要承担由此带来的法律责任。客观统一标准的确定，管理者主观意志影响的减少，都是在为大学生创造出最优化的成才环境和成才条件，高校学生管理实施法治的过程，就是为实现高校学生管理目标不断努力的过程。

（二）高校学生管理法治化有助于素质教育的不断推进

加强大学生法律素质培养，使之具有较强法律意识，能够自觉遵守国家法律，是大学生素质教育中一项重要内容。虽然对大学生法律素质的培养离不开学校法学理论教育，但仅仅通过具体课程教学，无法形成大学生良好的法律素质，大学生法律素质的形成是一个多元因素共同作用的结果。校园文化的影响，可以在潜移默化中提高学生的素质。高校学生管理法治化实施中，可以形成一种法治校园文化，这种法治校园文化能在潜移默化中提高大学生法律素质。

高校学生管理法治化过程中形成的法治精神、制度和进行的相关法律活动构成校园文化的要素，这些要素对校园文化中各个层面都可以施加影响。这种影响过程体现在以下三个方面：首先，在校园文化观念层面，高校学生管理法治化讲求法治，管理者依法管理，学生知法守法，表现出来的法治精神、法治价值观念都是校园文化观念的构成要素。其次，在校园文化制度层面，高校学生管理法治化中的规范、制度、条例等内容是构成校园文化制度的重要因素。最后，在校园文化活动层面，高校学生管理法治化中进行的普法活动、学生法律社团活动，甚至是有关学生管理的诉讼活动都是校园活动的构成要素。素质教育的不断推进，必然要求把法治校园文化建设作为提高学生法律素质的重要途径之一，作为影响法治校园文化建设的一项重要因素。高校学生管理法治化的实现，对推进高校素质教育具有很大作用。

第四章　高校学生管理法治化的现状

　　伴随着持续与深入的社会转型，当前的高校学生管理也面临着与以往不同的社会环境，再加上学生权利意识、主体意识的日渐觉醒，这些内外部因素对高校学生管理工作的开展造成了极大的影响，高等教育领域也产生了一系列的问题。传统的观念和管理方式使我国的学生管理领域中往往在权利与义务、行政与政治、实体与程序上普遍存在轻重不分的现象，这些由于管理法治的缺位而引发的问题以往并未完全暴露在公众的视野下，所造成的社会影响也在传统媒体可控的范围内。而高校学生管理法治化所存在的问题，如不及时解决，也会在这个新的挑战中置于被动之地，进而会影响和谐校园建设的进程，甚至影响整个社会的稳定和发展。基于以上种种原因，高校学生管理法治化的大力推进是大势所趋，也是势在必行的，因而研究高校学生管理法治化的现状是首要和关键所在。

第一节　高校学生管理法治化的国内外研究现状

一、我国学者对高校学生管理法治化问题的相关研究

　　我国学者对高校学生管理法治化的研究较少，对高校学生管理法治化的研究只是在依法治国或依法治教研究中有所体现，而且对高校学生管理法治化的研究往往从高等教育学或法学单一学科出发，未能把两者有机结合起来，没有深入高校学生管理法治化的实质中去。目前，我国学者在高校学生管理法治化研究过程中，还没有实现重大理论突破和理论创新。

　　在我国学者对高校学生管理法治化问题的相关研究中，有一种观点认为，法律是进行高校学生管理工作的重要手段，法律本身作为一种社会规范，在国

家强制力的保障下，对行为的规范作用是任何一种社会规范所不及的，要加强高校学生管理工作必须把法律作为规范学生管理行为的重要手段。这种观点强调把法治作为高校学生管理工作的重要手段，而非依法进行高校学生管理工作，单纯强调把法律作为高校学生管理的重要手段，是法律工具论思想的体现。还有一类观点立足高校学生管理的法治建设，强调高校学生管理法治化，主要是按照国家法律调整学校和学生之间的关系，用法治的原则处理学校与学生之间发生的各种矛盾，在管理规章制度的制定上实现规范化合法化，主张高校学生管理法治化，必须遵守法治要求，按照权限规定的原则行事，法律有规定的必须遵守法律的规定，没有规定的应该符合法律的基本精神；在实践工作中，如果高校学生管理的部分内容在现行法律中难以找到对应条款，学校可以通过内部规章制度加以规范。这一类观点强调高校学生管理应该有法可依，法治化建设就要加强法律制度规范本身的建设。他们把法治化工作仅仅理解成法律规范建设，侧重于法制而非法治，没有突出高校学生管理中的法律至上性，没有体现法的运行过程。另外，即使一部分学者正确区分了法治和法制，提出高校学生管理法治化中执法、司法以及法律监督建设的重要性，但是他们却又用对违纪学生处理的行为，代替全部高校学生管理行为，也就是把高校学生管理法治化建设局限于处理违纪学生中。

除此之外，我国高校学生管理法治化问题研究中，还存在一些没有把高等教育学和法学有机统一起来进行研究的观点，往往出现一些明显理论硬伤。如学校颁发入学通知书属于一种承诺行为，双方体现民事法律关系的合同即告生效，高校学生管理行为必须要遵循《中华人民共和国合同法》中权利与义务的规定。另外一些学者对法学认识理解偏差，造成了对高校学生管理法治化的研究偏差。

从以上的分析可以看出，虽然我国学者对高校学生管理法治化进行了许多有益探索。但是他们的研究停留在高校学生管理的法制研究上，停留在对违纪学生的处理研究上。没有正确把握法治和法制的本质区别，对高校学生管理法治化过程中的守法行为和法律监督等重视不足。高校学生管理法治化，是高校学生管理法律规范的运动过程，高校学生管理法制建设，仅仅是实现了高校学生管理法治化的一个方面。用法制代替法治，将直接造成法律执行困难，导致高校学生管理法律规范无法真正实现，高校学生管理法治化建设也就成了一种形式。另外，高校学生管理活动是一个包括学生从入学到毕业全部活动的管理过程，处理违纪学生仅仅是高校学生管理中的一个部分，用对违纪学生处理过程的法治化代替学生管理法治化，就变成了对违纪学生处理法治化，这也不是真正意义上的高校学生管理法治化研究。

二、国外学者对高校学生管理法治化问题的相关研究

国外学者对高校学生管理法治化研究起步较早。由于西方国家高等教育发展较早，对高校学生管理法治化研究比较透彻，他们的研究并不局限在法制层面，对高校学生管理法治化中的法律责任和法律救济也有较多涉及，还包括高校学生管理法治化中司法审查和法律监督体系等方面的研究。

20 世纪中叶高等教育迅速发展，随着新自然主义法学派强调权利意味着某种要求与自由，权力行使必须要尊重他人权利和自由的思想在西方社会盛行，并深入到高等教育管理内部，国外学者开始从权利确认角度对学生管理法治化加以研究。其中美国著名教育家杜威，较早提出对学生进行民主管理，他认为民主不仅是一种政治的东西，而且是一种生活的方式，教育也应该是民主的，在教育中必须要讲究民主。

国外学者对高校学生管理法治化研究的全面展开，是在 20 世纪 70 年代后。日本著名学者盐野宏认为，大学不管是公立或私立，都是以教育学生与研究学术为目的之教育研究机构，为达成其设置之目的，对于必要之事项纵使法律无特别规定，也可以依校则为必要之规定，并付诸实施，因此学校应拥有自律性和概括性之权力，在此情形下，当然与一般市民社会不同，而是形成特殊之部分社会，这种特殊之部分社会的大学，他的有关超过法律之上的纠纷当然不得为司法审判之对象；同时他还认为，承认人权的制约应限于该关系的目的所必需的限度之内，而且这种关系涉及市民法内容时，就要接受法院的审查，如公立学校的学生，受到开除之处分时，则应准予其提起诉讼，这种观点认同了司法审查对高校学生管理的有限介入。同时，国外学者对高校学生管理法治化研究中也存在否定高校学生管理法治化的观点，如美国有学者认为，大学中对学生进行管理是多余的，严格监督和管理容易引起学生的不满和敌意，对学生严格管理限制了向学生灌输知识的效果，应该取消校规，进行自由学校教育。

从以上分析可以看出，虽然国外学者对高校学生管理法治化研究要更加透彻和全面，为我国高校学生管理法治化提供了许多有益借鉴。但是他们对高校学生管理法治化研究，大多忽视德治在高校学生管理中的重要作用，而片面强调法治，强调对学生民主权利的绝对尊重，这种管理理念必须建立在法制健全

的基础之上。在我国教育法制建设还不十分健全的情况下，如果盲目追求学生和学校之间平等，就会造成管理的混乱无序。

另外，国外学者对高校学生管理法治化研究中，又往往把公立学校和私立学校加以区分对待，不同性质学校有不同政策。这同我国基本国情相悖，我国不管是公立还是私立高校，都要遵守国家制定的有关学生管理的法律规范。总之，我国高校学生管理工作有自己的特点，我们无法原样照搬国外高校学生管理法治化的经验，只能有选择性地借鉴。

第二节　我国高校学生管理法治化的发展历程与成就

一、我国高校学生管理法治化的发展历程

随着全面依法治国方略的提出，我国才正式提出依法治校这一理念。但这并不意味着我国在以往的学生管理中未进行法治建设的实践。恰恰相反，我国自清朝末年引进现代意义的高等教育以来，一直致力于将高校学生管理置于法律规范的约束下，这一段漫长的发展过程，为我国现代高等教育管理的法治化建设奠定了基础。

（一）改革开放前我国高校学生管理法治化的实践探索

清末《壬寅学制》《癸卯学制》的颁布，标志着中国高等教育走上了制度化的发展道路。但自此到改革开放这一时期，我国高校学生管理工作的实践主要停留在建立法律法规的层面上。

1902 年，清政府公布由管学大臣张百熙拟定的《京师大学堂章程》《高等学堂章程》等法规，这是中国近代史上关于高等教育的第一次立法实践。虽然这些法规并没有最终实施，但其中涉及高校学生管理的内容，为现代学生管理法治化的建设做出了实践探索。1905 年科举制度废除以后，学校的学生管理事务越来越繁杂，客观上要求高校设立专门的学生管理机构。尽管当时的高等教育管理体制带有浓厚的封建色彩，但为我国高校学生管理法治化的建设奠定了一个较好的组织基础。

辛亥革命以后，中华民国南京临时政府对高等教育管理进行了资产阶级性质的改革。蔡元培出任南京临时政府教育总长，主持起草了《大学令》。此外，在国民政府时期，也颁布了不少教育法规。这一时期，我国高校内部管理体制

深受西方国家高等教育管理经验的影响。

新中国成立初期，由于特殊的时代背景，此阶段的高校学生管理工作是在政治教育的驱使下发展的。1950 年 6 月，我国召开了第一次全国高等教育会议，在会议上讨论了新中国高等教育的发展方向、方针和任务等重要问题。

总之，此阶段对我国高校学生管理法治化的探索，为当今高校学生管理法治化的发展提供了宝贵的实践经验。

（二）改革开放后我国高校学生管理法治化的发展历程

随着改革开放的推进，我国的法治建设随之进行全面改革，高校学生管理的法治化实践逐步走向正轨，步入到一个全新的发展阶段。

1978 年 12 月，教育部颁发了《高等学校学生学籍管理的暂行规定》，可看成是加强学生管理，利用管理手段进行学生工作的一个新起点。意味着我国一改以往片面注重学生思想政治教育的局面，开始意识到学生工作中管理的重要性。1980 年，我国颁布并实施了新中国成立后的第一部有关高校学生管理的教育法——《中华人民共和国学位条例》，这一法规的实施，为我国高校学生管理法治化建设提供了权威指导。

进入 20 世纪 90 年代后，大学生的价值观念开始呈多元化发展。在此背景下，我国学生管理更为关注高校管理的自主权以及学生的个性化发展。

尽管 20 世纪 90 年代后期，国家出台了多部有关高校学生管理的法律法规，但囿于传统思维和习惯，人们还未能转变观念。特别是受从严管理思想的影响，诸多管理者偏离了法治的价值诉求，一味地强调管制，对法治精神的重视和遵循明显不足。

进入 21 世纪以来，我国高校学生管理法治化建设有了新的进展。在 2005 年 3 月，教育部颁发了《普通高等学校学生管理规定》（以下简称《规定》）。该规定与 1990 年的相比，主要有五大变化：依法治校、明确学生权利和义务、扩大高校自主权、处理作弊更重、高校学生在校期间可结婚等。在解读 2005 版的《规定》时，就有专家指出：《规定》最明显特点就是法治观念得以显现。2015 年，教育部在 2005 版的《普通高等学校学生管理规定》的基础上再次进行了修改，对学生的权利和义务作出了更为明确的规定和解释。由此可见，我国高校的法治建设实现了历史性的跨越。

2012 年教育部颁发的《全面推进依法治校实施纲要》再次对依法管理学校、学生管理、学生的权利与义务各个方面作了具体阐述和规定。此后，习近平同志在 2014 年召开的《中央政法工作会议》上的讲话中再次提及要充分运用法律手段来维护群众的合法权益，并在接下来的中国共产党第十八届三中、四中、五中全会上，多次提及要大力推进全面依法治国，尤其强调要加强科教领域的法治建设。2015 年 12 月 27 日，我国通过了《全国人民代表大会常务委员会关于修改〈中华人民共和国高等教育法〉的决定》，此次修改是对党中央提出的"四个全面"的积极响应，更是推动我国法治建设的必然之举，此次修改再次将我国高校学生管理法治化建设提升到了一个新水平。

2016 年，我国依法治校的进程继续稳步向前。教育部于 1 月 25 日召开了全国教育工作会议。在会议上，教育部长袁贵仁指出：2016 年是"十三五"开局之年，要牢牢把握提高教育质量的重点任务……提高教育质量必须坚持深化改革和依法治教"双轮驱动"，全面加强依法治教。在 3 月的十二届全国人大四次会议闭幕式的新闻发布会上，张德江强调：以良法促进发展、保证善治，实行正确监督、有效监督，保证党中央决策部署、国家法律法规和"十三五"发展目标任务得到全面贯彻落实。

2017 年 2 月 4 日，教育部再次修订《普通高等学校学生管理规定》（教育部令第 41 号），共七章六十八条，在第 21 号令的基础上增设一章"学生申诉"，着力健全高校学生权利保障和救济机制，引导高校运用法治思维和民主方式管理学生事务，积极推进民主办学、依法治校。

为全面推进依法治教、依法办学、依法治校，加强高等学校法治工作，推动高校提高治理体系和治理能力现代化水平，2021 年 3 月，教育部办公厅印发《高等学校法治工作测评指标》（以下简称《指标》）。教育部要求各地、各校要认真对照《指标》，通过测评查漏补缺，以评促建，提高学校法治工作规范化、科学化水平，服务学校高质量发展。从中央到各级教育部门，乃至高校近年来所实施的各项举措，可见我国高校学生管理法治化正朝着积极的方向发展。但是，要真正实现高校学生管理法治化，还需要经历一段漫长的道路。

二、我国高校学生管理法治化的成就

我国高校为社会主义现代化建设发挥了巨大作用，为社会主义的发展培养和提供了大量的优秀人才，这一成果与高校管理者的努力是密不可分的。尤其是依法治校的开展，保障了我国社会主义事业的发展方向和稳定。为了适应新形势的需要，我国高校也积极推进管理的法治化建设，并在多方面取得了不少成果。

（一）教育法律法规体系初步建立

法律体系是法治建设的首要任务和依法治国的根本基础。改革开放以来，我国立法步伐逐渐加快。中国特色社会主义法律体系为国家经济建设、政治建设、文化建设、社会建设以及生态文明建设提供了法律保障。

改革开放以来，我国教育法治建设取得了显著进展，颁布出台了多部法律。教育部颁发的一系列规章和高校依据法律法规自行制定的各种规章制度，为我国大学生管理法治化提供了依据。党的十一届三中全会以后，高校学生管理法治化的实践进入迅速发展时期。1980 年 2 月，第五届全国人大通过了《中华人民共和国学位条例》，这是新中国成立后由国家最高权力机关制定的第一部有关教育的法律，标志着我国大学生管理单行教育法规的诞生。1982 年《中华人民共和国宪法》的颁布，为教育领域的法治建设提供了宪法依据。1995 年《中华人民共和国教育法》的颁布为高校学生管理法治化指明了方向。1998 年的《中华人民共和国高等教育法》的颁布标志着我国高等教育进入法治化时期。1999 年依法治教方略的提出，标志着高校学生管理法治化进入了全面推进时期。2005 年教育部颁布的《普通高等学校学生管理规定》，是目前大学生管理最主要的法规依据。2016 年 12 月修订通过的《普通高等学校学生管理规定》（教育部令第 41 号）体现出与时俱进的特点，具有重要指导意义，将成为今后大学生管理法治化的重要依据。它将促使全国范围内的各类高校及各级教育行政主管部门重新检视高校学生管理，通过促进高校学生管理观念转变，完善高校学生管理的途径、范围、形式、程序、制度及办法，由点到面地推动高校人才培养质量提升。2021 年 3 月，教育部办公厅印发《高等学校法治工作测评指标》，对加强高等学校法治工作，推动高校提高治理体系和治理能力现代化水平产生重要作用。上述一系列规范高校行为的法律、法规在大学生教育管理等方面发挥着积极的作用。

此外，各个高校依据法律法规制定了学校章程和各种规章制度，为高校教学秩序正常运行提供了有效保障，有效保护了大学生权利，约束与规范了高校管理行为。目前，初步形成了由教育法、教育专门法所构成的内容完备、结构合理的教育法律法规体系。

（二）学生管理法治理念初步形成

以往传统高校学生管理工作的观念过分重视学校的教育教学秩序，对于学生合法权益重视不够，对学生应有的权益救济维护不到位。随着我国改革开放和社会主义现代化建设的顺利进行及依法治国方略的不断深入实施，大学生管理法治化工作得到迅速发展，逐步形成了一套完整的管理体系，学生管理工作中实现法治化的理念也逐步深入高校管理各个领域与各个层面。高校领导、各学生管理部门、辅导员等教育管理工作者的法治意识均有了一定程度的提高。在学生管理工作中，学工部（学生处）等管理部门、辅导员等教育管理者已经基本上能够懂得运用相关法律法规进行管理，尊重学生各项权利，规范学生各种言行，维护学生权益。

近些年来，学生与高校的关系不再是单纯的教育管理关系，体现为复杂的混合法律关系。因此，高校和教育管理者更加重视对学生权利的维护和保障，体现出高校管理法治化倾向，法治观念逐步深入人心，高校学生管理工作者更加尊重学生、关心学生、激励学生，尊重学生的权利价值，关心学生的权利实现，培养学生的权利意识，激励学生的权利追求。

随着我国社会主义市场经济的发展变化和法治建设进程的加快，大学生的法律意识、维权意识不断增强。大学生在法治观念与权利意识得到增强后，大部分学生在学习、生活和工作中懂得运用法律手段维护自身的合法权益，法治理念逐步入脑入心。

党的十八届四中全会通过了《中共中央关于全面推进依法治国若干重大问题的决定》（以下简称《决定》），《决定》指引着高校及其管理者进一步扎实做好依法治校、依法办学、依法管理，促进高校学生管理法治化，促使辅导员等高校学生管理者用法治理念重新审视管理行为，让大学生的基本权利在法定的范围内得到最大限度的保障和实施。

2016年，教育部印发的《依法治教实施纲要（2016—2020年）》指出，高校应将各项管理工作纳入法治轨道，实行依法治校。因此，高校管理法治化正是依法治国理念在我国高等教育领域的直接体现，高等学校学生管理法治化进程也正体现了近年来我国依法治校理念在高校学生管理中的良好实践，是依法治校的重要延伸。

2018年9月，习近平总书记在全国教育大会上发表讲话，对教育系统法治工作提出了明确要求，强调要着眼于"管好"，坚持依法治教、依法办学、依法治校。只有在各级各类学校的办学管理中，寓法治精神于教育教学全过程，让学生在受教育中体会到学校治理的法治化，感受到公平公正的法治精神的熏陶，逐步养成法治思维、法治意识，依法治国方略才能不断深入人心。

2020年7月，教育部发布的《关于进一步加强高等学校法治工作的意见》（以下简称《意见》）指出，要全面推进高校依法治教、依法办学、依法治校。《意见》作为教育部针对高校法治工作的专门发文，明确了学校党政主要负责人的责任，明确要把法治工作纳入学校发展规划和年度工作计划，并把法治观念、法治素养作为衡量干部的重要内容。可以说，《意见》的颁布及实施对加强高校领导及学生管理工作人员的法治观念有十分重要的促进作用。

（三）学生工作法治实践初显成效

伴随依法治国、依法治教、依法治校进程的加快与深入落实，学生工作法治实践初显成效，体现在依法管理、纠纷解决、制度创新等方面。随着当下法治建设的全面推进，高校学生工作依法进行管理取得了一定的进展。在思想观念上，以辅导员为代表的一大批教育管理者提高了自身的法治意识，高校学生的法治观念与维权意识进一步增强，必然要求和促进高校学生管理注重法治化完善。另一方面，管理部门与管理者基本能够按照相关法律法规进行学生管理工作，让学生民主参与政策、制度的制定和各项管理工作。

高校管理行为接受司法审查，接受法律的检验，司法救济已经步入高校学生管理领域。随着国际国内形势的变化和高等教育大众化的到来，高校学生管理呈现出更为复杂的态势，工作难度加大。面对新问题和新情况，很多高校运用法治的手段，对大学生管理法治化进行了大胆尝试，纷纷出台解决问题的各种规范、制度，目前形成了相对比较健全的大学生管理制度，效果比较明显。

听证便是近年来采用的较为有效、受到普遍好评的一种制度。听证制度具有科学性、民主性和法治性特点，兼具信息、咨询、参与、监督、控制、反馈多种功能，最初为西方国家所普遍采用，后为我国行政机构借鉴采用。听证本身是一种"疏导阀"，它给当事者一个机会，给管理者一个宣传管理主张的机会，能增进管理者与被管理者沟通和相互理解，使管理者和被管理者能够从中获取双赢效果，使广大学生对所在高校产生强烈的心理认同感。

（四）传统学生教育管理方式转变

对于推进高校学生管理法治化进程，学生管理方式的转变是一项重要内容。有学者认为，推进高校学生教育管理法治化，有利于学生管理者利用依法行政改变原有的机械的教育管理。

要保证高校学生教育管理的民主化、规范化、程序化，就必须完善高校学生管理的相关法律法规，摒弃传统的不合时宜的教育管理模式，制定与时俱进的教育管理制度。不断推进高校辅导员学生教育管理的法治化进程，是当代高校制定新的学生教育管理制度的重要依据，也是国家高校教育事业改革发展的题中应有之义，对于提升高校学生管理的规范性、科学性具有重要意义。

第三节　高校学生管理法治化进程中存在的问题及成因

一、高校学生管理法治化进程中存在的主要问题

（一）在管理理念上偏离学生管理法治化的价值诉求

学生管理法治化建设的基础价值在于构建一个良好的法律秩序，核心价值在于实现人的自由全面发展。因此，高校学生管理法治化的实现，在管理过程中不但要将严格管理的理念作为管理的基本原则，还需要充分体现以人为本的管理思想，方能构建和谐校园。但就当前我国高校学生管理法治化的现状来看，还存在一些不如人意的地方，这主要体现在学生管理中学生与管理者无法正确认知以人为本与从严管理的辩证关系。

1. 在学生管理中过分注重人文关怀，而忽视严格管理

良好的校园环境和管理秩序的构建，与对学生的严格管理是密不可分的。纵观古今中外成功的教育典范，无不体现了严格要求的思想。学生管理工作也是如此，没有严格和严谨的治学态度就不能造就出一流的人才。因此，无论学校的管理制度如何完善、管理队伍如何强大，如果在管理的过程中不严格执行，那么所有的规章制度都将成为一纸空文，高校法律秩序的建立便无从谈起。

然而，在当前我国高校学生管理法治化过程中，仍存在对严格管理的不正确认知。一方面，许多学生对严格管理存在极大的抵触思想。随着改革开放、经济全球化的发展，我国高校学生的思想价值观念向多元化方向发展，尤其是在信息技术高速发展的时代背景下，越来越多的学生崇尚个性与自由。

在部分大学生看来，学校依照法规对他们进行严格管理，是对他们个性发展的制约和禁锢，并认为这种管理直接侵犯了他们的权利。因而他们不愿接受管理，对学校的严格管理表现出强烈不满，对学生工作者的严格管理产生强烈的逆反和对抗心理，动辄把自己放在学校的对立面。

另一方面，从管理者来看，有些管理者将严格管理与学生的个性发展完全对立起来。由于近些年屡屡出现学生状告高校、教师的案例，从而导致诸多管理者出现行为自危现象——担心在对学生的管理中，有些学生产生行为过激，

从而与学生和家长发生纠纷。因此，面对这样一种状况，有许多管理者抱着多一事不如少一事的心理，对学生的违纪现象往往是置之不管。他们认为，学校的主要任务在于提高学生的学业水平，其他日常生活方面的行为举止可以不必苛求，以免阻碍学生个性的发展。甚至某些高校为了提高学校的毕业率，对学生的某些违纪行为采取"放宽政策"，比如在临近毕业之际，某些违纪学生只要走一些简单程序，便仍可顺利获得毕业证书。在学生和管理者的不正确认知的引导下，高校的法治效果可想而知。

2. 在学生管理中过分强调严格管理，忽略以人为本

"以人为本"的思想表现在高校学生管理中，即以学生为本——在学生管理的过程中要充分尊重学生，尊重学生的需求，把学生当做一个独立主体，而不是单纯的管理对象。

然而，在国家对法治化建设尤为重视的这一形势下，许多高校为了实现法治化管理，将严格管理视为学生管理的宗旨。例如许多高校制定诸多的校纪校规，力求依靠各种规章制度来管住学生。在这样一种理念的驱使下，管理者的需求得到了一定程度上的满足，但学生在管理过程中却处于被动的地位，需求却无法得到真正满足。

这种强制管理的理念还表现在对学生权利的忽视上。例如，在学生就业管理中，一些高校为了完成上级下达的就业指标要求，在学生不知情的情况下，伪造学生就业协议，甚至采取扣押毕业证的方式强迫学生就业，导致学生"被就业"。可见，在"被就业"的现象背后，隐藏的是高校对学生权利的忽视甚至是侵犯。尤其在关系到高校利益时，如处理高校与学生之间的纠纷时，高校通常是站在自身的角度和利益去考虑问题，很少有高校会给学生提供听证的机会，最后往往是由高校高层管理者对学生的问题直接进行处理。这样一些不民主、缺乏人文关怀的做法，也常常导致学生与高校的矛盾激化，甚至直接走向了司法程序。此外，许多管理者仍习惯于把学生的角色定位于管理对象，很少关注学生的需求。例如，一些管理者不够重视学生的主体性及创造性，从而导致某些工作无法真正落到实处。

总之，高校法治化作为一项关系到国家、高校发展的巨大工程，在建设过程中必然会出现诸多的状况。无论是片面强调人文关怀，还是单纯以严格管理为学生管理的宗旨，在认知上都偏离了学生管理法治化的价值诉求，既不利于高校学生管理法律秩序的建立，也不利于大学生自由全面的发展，而这些问题的解决不能仅仅依靠管理者的主观判断，更需要广大学生的参与。

（二）在管理行为上存在与法律相抵触的现象

从近几年的高校法律诉讼案件来看，高校管理法治化的过程中，仍存在某些管理行为与法律相抵触的现象，主要表现在以下几个方面。

1. 与学生受教育权方面的冲突

受教育权是指公民依法享有的要求国家积极提供均等的受教育条件和机会，通过学习来发展其个性、才智和身心能力，以获得平等的生存和发展机会的基本权利。宪法中明确规定，中华人民共和国公民有受教育的权利和义务，这是国际社会普遍认可的教育理想，也是我国教育界必须遵循的基本原则。然而，在现实中，因为受教育权问题而产生的纠纷屡见不鲜。主要体现在以下几个方面。

违反国家有关招生录取的政策和规定，从而损害学生受教育机会的获得权。例如违反公平竞争、公平选拔的原则，尤其是在某些带有主观判断（如面试）型的考试中，这类问题更为突出。事实上，现实中高校对申请人不公平对待的行为比比皆是，如乙肝歧视、残疾歧视、年龄限制等。此外，某些高校录取一些不符合条件的学生，却将符合要求的学生淘汰，这样一些行为极大地损害了学生对高校的信任，也违背了高校法治化的原则。

因违纪行为处理不当而损害侵犯学生的受教育权。这主要表现为高校对违法违纪学生做出不正当的处理，尤其是高校违反相关法律的规定对学生做出开除学籍或勒令退学的处分。

2. 与学生民事权方面的冲突

民事权方面的冲突主要包含高校与学生人身权（如隐私权、健康权、身体权等）和财产权方面的纠纷。尤其是近几年，高校学生自杀案件频频发生，每每案发便引起较大风波。究其原因，或是高校在教育管理中对学生进行变相体罚，或是在教育的过程中对学生进行人身攻击等，这样一些不当的措施加剧了高校与学生、家长之间的冲突。另外，因为管理不当而致使学生隐私泄露是其中较为突出的问题。财产权则主要包含一些乱收费、乱罚款、收受回扣、个人财产安全无法得到保障等情形。

3. 侵犯学生获取公正评价权

学业成绩的评价是教育机构对学生在受教育的某一段时期的学习情况和知识结构、知识水平的概括，包括课程考试成绩记录、平时学习情况和总评等。品行评价包括政治觉悟、道德品质、劳动态度等方面的评价。学生不仅有权要求获得学业成绩评价和品行评价，而且有权要求评价的公正性，并对各种失真的评价有权通过正当途径要求给予更正。《中华人民共和国教育法》第四十三条第三项规定，受教育者享有在学业成绩和品行上获得公正评价，完成规定的学业后获得相应的学业证书、学位证书的权利。因此，教育者要本着客观、公平、公正的原则评价学生的品行、学业和行为，以及其获得学业证书、学位证书的权利。

学校有义务对学生的成绩和品行给予公平的评价，并且在学生完成相应的学业后给予颁发相应证书。当前部分高校重视构建客观公正的课程考试评价机制，但对于学生的思想品德状况的考查，并没有进行量化，大都只是依靠班主任或辅导员的主观判断来评判。另外，在高校中仍存在不恰当地使用教育评价权的情况，如将通过大学英语四级考试与颁发毕业证书挂钩。

4. 与学生其他权利方面的冲突

高校学生管理行为与法律相抵触的现象还包括与学生其他权利方面的冲突，比如与学生程序性权利的冲突。所谓程序公正的最低标准包含以下几个方面内容：告知相对的一方有关的事实和权利；为相对的一方提供有效的听证机会；主持程序活动的决定者必须是独立的。这主要体现在高校与学生的利益纠纷上，校方为了维护自身的利益，拒绝给学生提供申诉机会或者权利救济渠道。

二、高校学生管理法治化问题形成的原因

（一）管理者法治观念缺失，工作能力不足

1. 法治观念缺失

我国素有尊师重教的传统，因此，受传统观念影响，教育管理中突出教师的主导与主体地位。在此思想观念的支配下，高校、教师具有绝对权威，一些教育管理者的法律意识淡薄，对学生的权利漠不关心。部分高校辅导员和教育管理工作者，对依法治校观念的理解仍然比较肤浅，存有误区，认为依法治教、依法治校就是用法规治理高校与老师，用法规校规治理学生，因此未能正确理解法治的真正含义；片面强调高校权力和学生义务，忽视、弱化了学生权利，使得二者的冲突在实际教育教学管理中不断发生。学生处于服从地位，比较容易出现忽视或侵害学生权利现象，高校至今仍未完全形成法治建设的文化基础和人文氛围。此外，部分大学生法律意识不强，守法观念和维权意识淡薄，没有意识到学校规章制度可能存在有待完善之处，也没有意识到自身权利遭受侵害。

　　随着大众化教育趋势和高等教育的改革与发展，学生与家长的权利意识正在逐渐增强，维护自身权益的观念逐步提高，时而会发生学生状告高校的案件。但高校及其管理者因受到传统观念和习惯影响，未能理性看待学生起诉高校案件。

　　高校学生管理者未能站在法律视角深刻思考高校和学生之间的法律地位和关系，容易出现滥用管理权力、侵犯学生权利现象。公权实际上是私权的让渡，权力来自人民。高校拥有自主办学权力，有权制定内部规则。然而现实中，高校及其管理者存在自由任意地扩张权力现象。

　　管理者未能遵循依法治国、教育法治化要求，过多设置了义务性条款，很少体现权利性条款，制度上强调管理与规范，执行中缺乏正当程序，容易损害侵犯学生权利。高校学生管理者法律意识淡薄，错误理解依法办学、依法治校的实质，习惯于原有管理模式、管理方法，注重单向"管、卡、压"，缺乏双向沟通与交流，缺乏民主参与。高校学生管理者的思想观念滞后、法治观念淡薄是造成高校学生管理非法治化的主要原因。在管理中，高校、教师、管理者往往居高临下，具有绝对权威，大学生只能尊重和服从，造成对大学生基本权利的忽视和侵害。

　　因此，管理者思想观念的改变、法治思想的确立，对高校学生管理法治化的进程有非常大的推进作用。法治观念是现代社会普遍的法律信仰、法律理想和法律终极目标等观念的总称，是一种科学而理性的法律观念，是民主、自由、平等、人权、理性、文明、秩序、效益与合法性的完美结合。权利观念和平等思想是法治观念的基点。高校学生管理工作中存在的一些问题，反映出相关工作人员法治理念的缺失和偏差，大体表现为重义务、轻权利、重秩序、轻自由。当前法治建设已经取得一定成就，但高校学生管理者重视管理权力和学校秩序的理念仍然根深蒂固，高校管理者和大学生基本还是存在着控制与被控制、管理与被管理、命令与服从的关系。

　　法治建设中学生管理法治理念的偏差与法治理念宣传及教育的缺乏，导致有些人误以为法治就是规则之治，注重规则的制定和运用，法律工具主义盛行，对学生权益的维护不够，公平正义未能真正实现。当前高校并不缺乏治理规则，而是对管理者缺少相应权力的限制。同样，大学生也存在对法治观念理解的偏差。大学生一切以自己的权利和自由为中心，忽视自身的义务和责任，似乎走向了另一个极端，殊不知秩序是自由的前提，无秩序即无自由。

　　2. 工作能力不足

　　学校教育，育人为本，德智体美，德育为先，这是以人为本思想在教育领域的具体化阐述。大学生是高等学校的主体。高等教育在转变过程中，高校与学生、教育与学习之间关系发生了巨大改变。因此，高校学生管理者在高等教育过程中，应尊重学生主体性。

现实中，育人为本的理念落实不彻底、效果不明显。忽视大学生现实需求和主观愿望，漠视大学生面对的实际问题，存在单纯灌输教育和刚性约束管理的现象。同时，也存在着屈从学生、放弃学生教育引导权的现象。在高校规模发展和学生主体性增强的同时，高校学生管理工作队伍和后勤人员对社会化改革服务模式存在观念错位的问题，缺乏对学生动机、需求的理性判断，不能将教育、服务有效融合，存在思维狭隘、官僚心态等问题，导致解决学生需求氛围不浓、合力不强。教育者的人格魅力是学生最好的教科书。高校学生管理者要以学为人师、行为示范自勉，践行全员育人、全面育人、全过程育人、全方位育人理念。面对新技术、新经济时代和当代大学生的发展变化特点，高校学生管理者，尤其是辅导员老师，仅凭热情、经验和习惯是不够的，更需要知识、智慧和技能。

目前，高校学生管理工作队伍总体上是合格的，有着较高的政治素养、崇高的敬业精神和良好的个人品质，但这些是不够的，更需要专业知识、智慧和技能的支撑，这样才能减少实际问题与现实能力上的差距。一些以辅导员为代表的高校学生管理者存在固有的陈旧观念、思维定式，缺乏对当代大学生内心世界和真实想法的了解，语境上存有代沟；一些高校学生管理者富有工作热情但缺乏业务知识和技能；一些高校学生管理者遇到大学生的法律问题，不知所措，缺乏一定的法治能力，主要表现在缺乏预见行为的法律后果的能力、评价行为的合法性的能力、维护合法权益的能力、监督公权力的能力、表达个人法治主张的能力等方面。

在今天的信息化社会，人们的思想认识来源于现实生活的体验与交互影响，因此高校学生管理者要在信息获取和理解消化上优于学生，避免因本领恐慌引起师生之间的沟通不畅。因此，高校学生管理者要勤于睿思、博于问学，以此自省，成为现代知识的开门人。

（二）管理制度不够健全

以往高校学生工作注重管理的有序有效，对管理工作的合法性与大学生权益保护救济不够重视。高校学生管理法治化除依据相关法律法规外，更要依靠学校章程和管理制度来进行规范管理，学校章程和规章制度是高校教育生活有序运行的必要保障，是高校学生管理的参考依据。

我国高校制定的学生管理制度的缺陷在于缺乏实践性、操作性、指导性，大学生义务条款多，大学生权利条款少，缺乏大学生程序性权利，合法性审查不足，近些年来不断遭到质疑，笔者对各种缺陷梳理如下。

1. 制度与法律相冲突

一些高校学生管理制度规定的内容超出法律法规规定的范围，高校具有自由裁量权，以致发生越位现象。高校将相关法律法规进行细化形成制度作为高校学生管理的基本依据时，未能充分考虑制度与法律法规是否一致，不适当地扩大了学校规章的适用范围，不适当地增加了大学生义务，不适当地限制了大学生的正当权益。当前大学生一旦考试作弊受到留校察看等处分情形，高校不予颁发学士学位证书的规定受到质疑，争议焦点在于考试作弊受到处分，学校不予颁发学位证书有无法律依据。据此，高校依据高校规章制度对大学生进行处分时容易出现越权现象。

2. 制度缺乏合法性

制度缺乏合法性，体现在制定主体、制定程序和制定内容上。学校规章制度（校规校纪）制定主体不明，不能确定该由高校还是职能部门作为制定主体，大学生管理具体到学生入学、教育教学、奖励处分、餐饮住宿、社会活动等，究竟哪一部门负有职责，需要学校章程和规章制度明确规定，否则学生管理部门有可能超越职权或者滥用职权，容易侵犯大学生的合法权益。

制度缺乏合法性还体现为学生管理制度的制定程序不完善，具有随意的倾向，制定程序缺乏民主，未有广大学生参与，未能探求学生真实思想，缺乏有效的约束和规范，这会影响规章制度的整体效率和生命力，也会影响规章制度的连续性、稳定性、配套性，必然导致规章制度无法被普遍认同，招来学生的非议与不满。为了管理上所谓的效率，学生管理规章制度规定的大学生的义务和责任条款多，却缺乏对大学生权利的规定，从而导致大学生的权利性规范与义务性规范失衡。此外，有的规章制度内容陈旧，与时代脱节，不能与时俱进。

3. 制度缺乏系统性

高校学生管理制度体系不健全，缺乏系统性。高校缺乏长远全局规划意识，不能够合理统筹安排，学生管理制度相互之间存在交叉、冲突、疏漏问题，制度之间相互矛盾、缺乏呼应，形不成合力，辅导员等高校学生管理者不知如何使用管理规章，影响学生管理制度的合法性与合理性。

4. 制度缺乏公开性

学生管理制度涉及大学生权利的方方面面，制度制定过程当中应有学生的民主参与，倾听学生心声，接受学生意见。学生管理制度制定后应当以文件、公告等形式向学生公布，在校园网上发布供全校师生备查。

然而，实践中这样做的效果不是非常理想，大学生管理制度仍披上了一层神秘面纱，缺乏公开透明。

5. 制度缺乏操作性

高校学生管理制度是辅导员等学生管理者开展工作具体适用的规范，应用性、可操作性是其必然要求。然而，现实是高校学生管理规章制度大多属于宣言性规范、原则性规范，缺乏可操作性，一定程度上导致学生管理的随意性。实践工作中，重制定、轻执行，削弱了制度的实际效力，使许多制度丧失了本应有的意义和价值。

（三）学校管理机制不佳

1. 管理模式存在弊端

高校在教育管理活动中要承担起教育责任、学术责任、服务责任，培养合格的社会主义建设者和接班人，对"培养什么人"达成宗旨一致，但实践中"怎样培养人"这一工作模式仍有待改进。高校学生管理者是实施单向灌输的教育者和具有行政权威的管理者，导致学生管理刚性、同一。毋庸置疑，此种管理模式在一定时期保证了学校正常的教学秩序、生活秩序，但过于追求一个步调、一种风格、一种色彩，忽视学生个体需求与学生的主体作用，有碍学生个性发展。

2. 管理组织的发展变化

以往的高校学生管理，主要依靠行政班级来实施管理。当前随着网络信息技术的发展，高校学分制、后勤社会化的推行，学生学习环境、生活环境发生了变化，传统意义上的班级、宿舍无法满足当代大学生教育管理的需要，社团、网络虚拟组织等多元化非正式组织不断产生。上述变化趋势，导致原有管理组织功能的减退，如学生会等组织发挥作用不明显，不能真正广泛地代表学生利益，新的管理组织不断产生并逐渐走入中心位置。面对新情况、新问题，高校学生管理出现盲点，不能与时俱进适应环境的变化，各种学生组织存在诸多问题，需要不断地解构和重构。

3. 管理程序上存在瑕疵

高校管理行为一定程度上存在敷衍，在具体的高校学生管理行为中，部分管理者抱有应付、完成任务的心态，只是将本职工作做完就行，不考虑做完工作后达到什么样的效果，不考虑大学生的利益是否受到侵害。高校学生管理的关键环节，缺乏符合法治精神的程序规范，导致大学生合法权益受损。这种情况一定程度上归因于学校规章制度的法律缺陷，"程序瑕疵"是高校讼案反映出来的较为普遍的问题，高校学生管理程序存有瑕疵，是影响高校学生管理法治化的一个重要因素。

正当程序是对实现权利保障的基本要求。受传统观念、习惯行为方式的影响，高校学生管理中管理者的程序意识严重缺乏，为追求便捷，往往忽略当中的各项程序环节；即使履行程序，也更多地停留在形式主义上，缺乏对大学生程序性权利的保护，存在重实体、轻程序现象。高校相关职能部门、高校学生管理者在行使处分权过程中，尤其涉及大学生身份变更时，缺乏正当程序；程序不规范，导致大学生丧失程序性权利。如以高校中常见的大学生考试作弊为例，一旦发现考试作弊，很快高校通过校园网等途经公布处理决定。此种做法有利于避免各种人为不当影响，但由于作弊大学生没有充足的时间与精力准备，一定程度上也限制了大学生陈述权、申诉权，值得反思与改进。在实践当中，更多的是学生处分决定下来后告知学生本人，缺乏研究处分决定前的学生申诉环节。

（四）高校学生管理法治化的监督机制不健全

法治化建设的过程中，如果缺乏必要的监督机制，那么一切法规将形同虚设，所有的执法行为都将失去可信度。在高校管理中，在执行规章制度的过程中是否做到了依法办事，直接关系到学生管理工作在学生心目中的可信度和威信。

当前，我国在教育法规的立法、执法方面建立了较为完整的监督体系，但是针对高校学生管理这一领域的法制监督机制还不健全。

就校内监督而言，我国高校内部缺乏必要的监督机制。首先，高校的管理规则主要针对的是对管理人员及全体教职工在行政与教学方面的监督，但是单独为学生管理设置监督制度的学校可谓少之又少。因此，学生的权益在受到侵犯时，尤其是与高校发生冲突时，高校往往将关注点放在学生的违纪行为上，而很少关注管理者的行为是否合法。这种监督实质上是采取了一边倒的方法，很难对学生权利起到真正的保护作用，这也就导致我国高校的规章制度缺乏应有的权威性。其次，我国高校学生管理的内部监督缺乏科学性。我国高校学生管理的行政人员拥有诸多惩戒权力，如不颁发学位证书、毕业证书，勒令退学，开除学籍等。一旦学生发生违纪事件，这些管理人员便开始"充分"运用手中的权力，依照校规对学生作出处分。然而，在作类似的决策之前，很少有管理者会采用听证方式或对问题进行事实考究。一旦学生对高校的处分表示不满，这些管理者反倒"不知所措"了。此外，我国高校内部缺少第三方监督部门。如高校与学生的纠纷仍由学生管理部门负责，而该部门并未从行政管理部门中分离出来。因此，高校学生管理仍处于一种自监自管的状态。

就校外监督而言，社会舆论监督的效果甚微。由于当前我国高校校务公开机制还不健全，在规章制度的制定和执行程序上缺乏透明度，社会各界很难辨析高校内部纠纷的真实性。因此，大部分社会人员往往是抱着"看热闹"的心态，或只是从表面上对其中一方作出评判，但这些言语上的评论很难对高校的决策发挥实质性的作用。另外，我国高校学生管理的司法监督机制尚不健全。一方面，在法律法规上，缺乏必要的大学生权利救济法规，从而使学生在权利受到侵犯时，只能采用迂回战术——以保护民事权利为名来寻求受教育权的救济。尽管如此，仍往往被法院以不属于民事诉讼的受理范围为由而被驳回起诉。另一方面，在司法程序上，很多程序跟不上高校改革的步伐，很难真正触及高校内部的管理。因此，司法监督机制相对薄弱，很难深入高校内部，给管理体制的权利救济带来诸多阻碍。

（五）学生法治意识淡薄，参与管理不够

对于高校学生管理工作而言，依法治校的出发点是要通过法律基本原则和校内规章制度来规范学校、教职员工和学生的行为，为教育事业发展和教育教学工作提供基本工作保障。但不可否认，教育自身饱含着德治理念，教育过程又充满着对学生的包容和引导。高校往往在实践中，更多强化德治理念，寄希望于春风细雨润桃李，缺少了法治教育，学生在思想源头上就可能出现理念缺失，进而导致法治水平不足。学生的法治意识淡薄，使法律制度成为摆设，不利于学校法治建设与管理。

法治生成过程亦为民主滋生和演进的过程，失去民主，法治即倒退回人治。民主参与作为民主的有效形式，主要运用于国家治理中，在组织内部也具有同样的应用价值。民主参与机制可以较好地解决高校各类问题。《普通高等学校学生管理规定》第四十条规定，学校应当建立和完善学生参与民主管理的组织形式，支持和保障学生依法、依章程参与学校管理。大学生是高校法律关系的主体，在高校学生管理过程中要体现民主精神，就要保证大学生广泛参与和学生有关的高校各项管理事务，这是高校学生管理工作法治化的重要内容。然而，现实是大学生参与高校各项管理不够，通过调查研究可知，大学生参与高校管理存在参与程序不规范、参与范围不大、参与途径少、参与机会少等问题。我国大学生民主参与的不足还表现为大学生民主参与的层次较低、大学生民主

参与的热情不高、大学生民主参与的渠道不畅、大学生民主参与的网络建设滞后等。

（六）大学生群体特征的挑战

当代大学生，主要是指出生于 21 世纪，在大学校园学习与生活的大学生群体。对他们的评价，褒贬不一，存在诸多分析和解读。下面从认知、情感、心理和行为四个维度来把握大学生的群体特征。

1. 喜忧参半的独立性认知

当代大学生的生活离不开网络，他们是网络的登录者、接受者、传播者。网络信息的多元性、知识获取的多样性与大学生自身存在的逆反性的结合，导致大学生不再过分依赖教育，彰显独立性和个性化。

2. 色彩交织的体验性情感

大学生处在情感丰富、易于变化的青年期，他们是时尚的追随者和热烈拥护者，具有激情与冲动、敏感与波动、体验与判断同在的情感特征。

3. 进退共存的变动性心理

当代大学生在享受优越舒适的生活的同时面临着严酷的社会竞争，二者的反差与矛盾，导致其面临越来越多的心理压力与冲突。源于心理压力，大学生出现进退共存心态，容易出现认知上、情感上、动机上的波动，会因有效激励而自强，也会因不利刺激而消极。

4. 褒贬相随的开放性行为

当代大学生具有更多张扬个性、展示自我的空间和舞台，拥有更多的选择。在当今思想观念、价值取向多元化的社会中，他们更加务实和客观，他们对社会问题给予了高度的关注和热情，对追求自身进步表现出强烈的需求与渴望，但同时又容易基于主观臆断、急功近利等因素，存在缺乏理性和过分放纵行为。

第四节 解决高校学生管理法治化问题的对策

依法治国就是要树立法治权威，构建法治秩序，提供法治保障，实现社会公平正义。高校学生管理工作法治化也应转变工作思路，更新管理理念，完善校规校纪，依法加强内部治理，着力加强法治环境、规章制度、管理方式、权利救济等建设。

一、增强法治观念，营造优良校园法治环境

高校领导干部是依法治校的领导力量，提高他们的法治观念是依法开展学生管理的重要前提。高校领导干部应当带头树立法治理念，始终坚持依法办学、依章程办事的观念，增强尊法、学法、守法、用法的意识，自觉养成依法办事的习惯，善于运用法治思维研究问题、谋划工作，运用法治方式开展工作、处理问题，努力营造浓厚的法治氛围，深入推进教育领域综合改革。高校所有管理干部都要切实提高依法从教、依法履职的能力，努力转变工作理念和工作方式，增强运用法治思维和法治方式的能力，在法治环境中不断深化教育教学改革、排查化解潜在矛盾、维护校园公正和谐、推动学生管理和学校工作科学发展。

二、完善制度体系，保障学生管理顺畅运行

建立公正合法、系统完善、程序规范的制度体系，是保证高校教育教学活动符合社会主义民主法治、自由平等、公平正义理念的要求。章程是高等学校依法自主办学、实施管理和履行公共职能的基本准则，也是学生管理法治化的前提和基础。高校必须依据国家法律法规，切实推进依法办学，推动完善以章程为基础的学校规章制度体系，把章程落实在高校日常运行中；适时修订完善既有的学生管理制度规定，对不适应形势发展的制度规定，在法律优先的前提下，本着合法、合理、合情的原则进行及时清理，建立起符合法律要求、符合教育规律、有利于学生发展的新的规章制度体系；完善管理运行监督机制，畅通利益诉求及矛盾纠纷调处机制，健全权利保障与救济机制，努力构建听证、申诉、调解、复议、仲裁、诉讼等途径多元、涵盖全程、便捷高效的权益保障体系，努力形成依据法律法规、运用法律手段、通过法律途径、依照法律程序的表达诉求、维护权益、化解纠纷、保护权利的制度体系，从而为高校学生管理工作的顺畅运行提供坚实的制度保障。

三、提升管理能力，促进学生管理工作依法开展

高校学生管理的法治化需要完备的法规制度，更需要管理人员的严格规范落实。高校应就教育法律、学校规章制度等内容，加大对学生管理有关人员的教育培训，使其真正树立法治思维，掌握法律法规，依法开展学生管理工作。

（一）基层管理干部要依法开展教育管理工作

高校基层管理干部是学生管理的一线组织者，其法治意识的高低直接影响

整个学生管理的效率和成效。因此，高校应广泛开展法治讲座，努力提高基层管理干部的法律素养，引导其树立法治观念，增强法治意识，学会运用法治思维和法治观念来谋划和组织工作；帮助基层管理干部熟悉并掌握高等教育法律法规，通过正当程序开展学生工作，规范权力运行秩序，保证管理行为的高效和权威，做到程序公正、公开透明，充分尊重学生的合法权益，坚决杜绝工作随意、程序不规范等行政人治化现象。

（二）辅导员、班主任加强宣传教育，规范日常管理

辅导员、班主任是高校学生管理的具体实施者，理应对中国特色社会主义法治有高度的思想认同、理论认同、情感认同，成为中国特色社会主义法治的坚定信仰者、积极传播者和模范践行者。一方面，辅导员、班主任要切实转变管理理念与方式，提高依法开展学生管理工作的效率和效益，掌握教育教学规律和青年学生成长规律，要知法、懂法，了解与学生管理相关的法律知识，知晓一般的法律程序，尤其在进行学生违纪处分等涉及学生切身利益的行为时，更要严格按照法律法规和校规校纪处理，确保内容合法、过程合法、程序合法，避免滥用权力侵犯学生合法权益。另一方面，应当不断丰富法治宣传教育的形式和内容，通过班团会、主题活动、社会实践、法治讲座、法庭旁听、演讲辩论等形式，引导学生掌握法律知识，培养法治理念，形成对中国特色社会主义法治的内心拥护和真诚信仰，将平等自由意识、权利义务观念、规则意识、纪律观念等渗透到日常行为中。

（三）教师严格依法依规开展教育教学活动

依法治校是一项全员、全过程、全方位的工作。高校任课教师要加强法律专业知识学习，提高法治观念，强化自身的法律素养，做学法、守法、护法的榜样；要将法治理念融入教育教学全过程，充分利用课堂教学主渠道，推进法治精神进教材、进课堂、进头脑，加强法治教育，全面提高学生的法治素养，培养社会主义合格公民；其他管理人员也要提高公平法治意识，坚持服务学生成长成才的理念，充分尊重学生合法权益，关注学生个性发展、了解学生的差异化需求，努力提供更多资源和平台，为学生提供更好的管理、教育与服务。

（四）学生干部应发挥作用推进法治化建设

学生干部是高校学生管理的重要力量，通过其示范引领，可以提高全体学生的民主意识、法治观念和自律能力，增强对学生管理工作的参与和监督的积极性。因此，高校在大力开展内容丰富、形式多样的宣传教育活动，提升大学

生的民主意识和法治素养的同时，应当着重加强对学生干部的教育、培养和指导，引导其带头学法用法，模范遵守校规校纪，并引导其做好宣传教育、行为检查、日常监督等工作，发挥好自我管理、自我教育、自我服务、自我监督作用。另外，也可以尝试设立各种学生事务委员会，选拔学生干部作为学生代表，参与涉及学生学习、生活权益的相关工作，创造机会让更多学生关心和了解学校的发展并积极参与到学校民主管理中去，切实保障学生行使知情权、监督权、建议权、评议权、表决权，让学生真正参与到事关自身发展和切身利益的重大事务，从而确保学生管理依法开展，保障学生合法权益。

总之，高校学生管理的内容和要求正在随着社会发展而不断变化，在法治环境下，用法治理念与法律方法来进行学生管理是必须而又迫切的。高校学生管理人员应当更新观念，牢固树立法治意识，提高法律素养，坚持以人为本的工作理念，营造法治化的育人环境，健全制度体系和管理程序，完善法律救济途径，在推进学生管理有序发展的同时保障学生合法权益，促进学生健康成长成才。

四、加强校园法治教育，提升师生法律素养

高校学生管理法治化要通过人来实现，为此高校应重视校园法治教育。高校需要充分运用校内外法律资源，做好高校师生的法治意识培养。对外，高校可以与公检法等司法机关、律师事务所和其他法律组织建立战略合作关系，通过邀请校外专家举办主题法律讲座、咨询、主题活动来营造高校法治氛围。对内，高校需要成立日常专门为学生提供法律咨询服务的法律援助组织；在工会、妇委会等部门的组织下，成立日常专门为教师提供法律服务的组织。以上主题活动、讲座的宣传及日常咨询的开展，有助于营造高校法治环境，培养高校师生法律优先、法律保留、正当程序、权利救济、民主参与等法治意识。充分整合上述法治资源，建立高校师生定期学习法律的机制，增强管理者的法律知识储备，培养管理者的法治思维，以适应学生管理法治化的工作需要。进一步拓宽大学生的法律学习渠道，建立覆盖第一课堂、第二课堂、新媒体、校园宣传阵地等全方位的法治教育体系，加强学生对大学章程、具体管理制度等校规的教育和学习，以提高全校师生的法律素养，促进高校学生管理的法治化。

第五章 高校学生管理法治化建设的实施路径

高校学生管理法治化是一项系统工程，高校学生管理者应当把高校学生管理法治化工作视作一个整体，深入细致地剖析高校学生管理法治化过程中不同要素之间的联系，同时从全局的角度来看待各个要素间的联系，进而使高校学生管理法治化在国家依法治校的要求上达到最佳的状态。

第一节 加强高校学生管理法律制度建设

总体来看，我国高等教育的法律法规还不完备，离现实要求还存在一定的距离。加强高校学生管理法律制度建设，应从以下几个方面着手。

一、提升立法人员能力

（一）提升立法人员的素质

我国高等教育法律的制定是由起草小组成员起草，在有限的范围内征求修改意见，最后由人民代表大会或其常务委员会通过。这就意味着，立法人员的素质直接影响到法治的科学化程度。因此，提升立法人员的素质至关重要。从高等教育的需求来看，我们认为高等教育立法人员在具备基本的法律专业知识的同时，还应具备以下素质：

一是把握时事的能力。一方面要时刻关注国家的发展动态，根据不同的政策制定相应的教育法律法规；另一方面，要站在时代前沿，把握当前高校管理所面临的挑战，从而针对性地提出法律法规。二是要具备相关的教育知识。高等教育立法者区别于普通立法者——他们直接关系到我国的教育事业，关系到广大教育工作者与大学生的利益。因此，要制定高等教育法规，不但要具备法律学的知识，还应了解相关的教育学知识。在了解当前教育发展状况、认识广大教育者及学生发展需求的基础之上去制定法律法规，从而保障所有教育参与者的权利。三是要有实事求是的态度。在立法过程中不能采取"一刀切"的方式，应该在宪法的范围内，对不同地区制定不同的教育法规，以提高法律实施的可行性。

（二）进一步转变立法思想

我们要从依法治国的高度充分认识学生管理立法在国家民主法制建设中的重要作用，从思想上树立加快立法的意识，脚踏实地地抓好学生管理立法工作。既要注意纠正在学生管理立法问题上无所作为的倾向，又要注意纠正借口经验不足、条件不成熟而放慢立法速度的消极做法，真正把教育立法工作作为一件大事来抓，解放思想，努力开拓，加强调研，不断总结，尽快建立起以教育法为核心，以分类法律法规为支柱的社会主义学生管理法律框架，保证在学生管理领域的各个部门都能做到有法可依。我们既不能过分强调体系的逻辑性，单纯追求学生管理法律体系在形式上或逻辑体系上的完美，也不能借口形势发展的需要，盲目立法，而应通盘考虑，还要克服重权力、轻责任，重管理、轻保护的倾向，努力实现权利与义务、权力与责任的统一。要按照现代法治的要求，正确处理公民、法人依法行使权利和国家机关依法管理的关系，规范行政权力的行使和运作，保护行政管理相对人的合法权益。将立法的科学性与针对性结合起来设计我国学生管理法律体系框架。

二、制定国家及地方层面的高校学生管理法律法规

（一）制定高校学生管理基本法律

这是因为在整个国家的法律制度体系中，学生管理法律只是其中的一部分。如果仅在学生管理领域关注学生管理法治建设，不以社会主义法治建设发展情况为基础对学生管理法律进行研究，必将使学生管理法律失去存活的根基，不能很好发挥应有的作用，最终也会失去方向和生命力。因此，在致力于学生管理法律制度研究的同时，也应主动研究国家法治建设，从宏观上对整个国家法律制度有一个了解，使学生管理法治的建设符合社会发展方向，然后从中探寻出国家法律制度发展的规律和方向，从而对学生管理法治的建设有所启迪，使其具有超前意识，使学生管理法律的发展能基本同步于国家法律的发展，使之成

为社会主义法律体系中的和谐分子,最终在我国的法律体系中占据应有的地位。

(二)出台配套的法规、规章

学生管理没有基本法不行,但仅有基本法而没有相应的立法相配套,形不成体系也不行。在这个问题上,既要防止片面强调一切学生管理法律都必须在作出详细规定后才能执行的倾向,又要注意克服在国家的基本法出台之后不及时解决学生管理立法的配套问题。只有坚持中央和地方的结合,坚持原则性和灵活性的统一,才能为法律的各项规定最终落到实处铺平通路,才能为实现有法可依创造条件。所以,必须加强学生管理法律纵向和横向配套制度建设,致力于学生管理法律的细化与量化,使其具有可操作性,以改变学生管理法律停留在原则层面的现状。纵向表现为低位法对高位法的细化,保证其实施,如与《中华人民共和国教育法》相配套的学生申诉办法;横向表现为学生管理法与社会其他法律规范的衔接和补充,使其协调一致。

(三)优先制定地方学生管理法

我国是一个统一的多民族国家,地域广阔。由于历史和社会的原因,各地方的经济与社会发展相对不平衡,因此在法律的制定上,国家层面的法律只能制定一些共性的、具有普遍意义的法律,而且这些法律也比较笼统,属于一般原则性的规定。这种情况下,在不与国家法律制度相冲突的前提下,应因地制宜,发挥地方立法的主动性和积极性,根据各个地区不同的情况而制定不同的法律。地方立法可以在两个层面有所作为,首先在于法律细化。针对国家立法,地方立法可以制定一些有可操作性的法律,使其符合本地区的实际情况。其次对本地区出现的新问题、新情况,在全国尚不具备立法条件的情况下,地方可以先行立法,探索出一定的成功经验后再由全国立法。

(四)加强对高等教育法的立法解释

立法解释可以起到将原则性和概念化的规定具体化,明确行为界限,消除立法矛盾和冲突的作用,从而使法律更具有可操作性。如针对"高校劝退学生"这一条例,应根据不同情况作出详细的解释。这就可以使学校在处理类似案例时,可运用法制作出相应的处理,从而减少学校与学生之间的纠纷。加强立法解释,可以消除语义不明确这一局限,也可以增加法律的完备性。从实际生活来看,当前信息化时代,高校管理受到了诸多社会因素的影响。因此,法律不可能完全涵盖社会生活的所有层面,这就需要它根据不同时期的实际情况,运用立法解释来调整法治,以使它适应时代发展的需要。

三、完善高校学生管理立法体系的途径

（一）提高学生管理立法的质量

学生管理立法要随着形势的发展不断完善，对现行法律法规和规章，要进行定期清理，该修改的要修改，该补充的要及时补充，该废止的一定要废止。既要防止在法律问题上一劳永逸的倾向，又要注意维护国家法治的统一。处理好法律立、改、废的辩证关系的同时，要注意吸收古今中外一切对我们有益的东西。对外国的有些法律，应当加以研究、分析，适当加以借鉴；对其中反映社会化教育的共性和规律性的内容，对有利于社会主义教育发展的经验，可以有所吸收；但对于那些根本不适合中国国情的东西，则应当坚决予以摒弃，决不能照搬照抄。

（二）完善学生管理立法的总体框架结构

完善学生管理立法的总体框架结构可使学生管理法律关系的有关主体的学生管理活动都有法可依，有章可循，构建完整的学生管理法律框架体系。目前已有的学生管理主体法律有《中华人民共和国教师法》和《中华人民共和国未成年人保护法》，其他主体的权利和义务都掺杂在相关的法律中，如《中华人民共和国教育法》《中华人民共和国高等教育法》等，至于学校与各级教育行政部门之间、各级教育行政部门相互之间、教育社会中介机构与教育部门之间的职责及相互关系尚缺乏法律依据，从宏观上要有一部规范各学生管理主体之间权利义务，明确相互职责及权力界限的"学生管理组织法"。

（三）加快对高等教育法规的修改与整理

法律修改是指国家立法机关依照法定程序对现行法律的某些部分加以变更、删除或补充的立法活动。高等教育法的修改、变动直接关系到高校管理科学化、系统化的实现。现代高校学生管理中存在的诸多问题之所以得不到有效的解决，很大程度上是因为没有合理的法律作为依据，从而无法找到解决的出路。

法律的整理是指对法律法规的清理和汇编。高等教育法律清理主要包括两项工作：一是清查高等教育法律法规中的哪些条例需要重新修订，二是将被明确废止的法律清理出去。高等教育法律汇编则是按照类别将所有高等教育法律法规集中、系统地整理成册，以便司法机关、教育部门、高校和学生能全面地掌握和便利地运用高等教育法规。就目前来看，我国还未有完整的高等教育法

律法规汇编，因此，这对当前的高等教育立法者来说是任重道远。

（四）完善学生管理执法依据

在目前学生管理法律基本框架已建立的前提下，应致力于学生管理法律法规与地方性事务、专门性事务的相互结合，使其具体化，有可操作性，在具体执法中有法可依，并且可以达到量化的程度。要注意研究学生管理法治体系的科学性，使其成为内在和谐的统一整体，并与国家法律制度衔接。若使学生管理法律规范具有可操作性，必须改进立法技术使法律规范的逻辑结构严密，避免和减少诸如原则性、笼统性的规定和表述，使法律规范明确、具体，尤其是法律责任的明确、具体。必须完善《中华人民共和国教育法》的配套法规建设，提高立法质量，使学生管理法律法规具体化，具有可操作性。一方面，应当根据学生管理基本法继续制定学生管理方面的子法，如"学生管理法"等，另一方面，国务院、教育部、地方人大及人民政府应依据学生管理法律制定相应的学生管理法规、规章，对学生管理法律作出有补充性、执行性的法律规定，形成完备而翔实的学生管理法律体系。

第二节　健全高校学生管理机制

一、高校管理制度概说

高校是法律法规授权行使一定教育行政职能的组织。为了有效开展教育教学与管理活动，高校需要制定内部规范文件，这些内部规范性文件属于自治规则，即高校规章制度。高校规章制度是根据教育法律法规制定的，在高校范围内教职员工和广大学生必须遵守的规则，不具有法的全部属性，也非处理一些案件的有力依据，而是对法律规范的有益补充或完善，在高校范围内对其管理对象具有一定的约束力，属于规范性文件的范畴。但与法律法规、行政规章不同的是，高校规章制度本身没有法律效力，不能作为人民法院审理案件的依据，它具有预先设定性、一定的权威性和局部的强制性。合法合理的高校规章制度是进行高校内部管理的重要依据。高校规章制度的效力主要体现在对内部成员的约束上，是一种契约性和自治性的规范。从内容上来看，高校规章制度是高校根据法律、行政法规和行政规章而制定的具有针对性、可操作性特点的规则；或是在法律、法规未涉及的方面，高校根据法律精神、教育规律与学校实际而制定的规则，具有自律色彩，是高校自我管理、自我约束的基本依据。

目前，高校制定规章制度的程序是相关职能部门起草，学校法律法规部门或法律顾问审查，校长办公会议审议通过。制定环节缺乏一些必不可少的步骤，如征求意见环节。征求意见是提高规章制度质量和可执行性的重要一环，必然要求在规章制度起草过程中，听取有关部门、教师和学生代表的意见和建议，可以采取书面征求意见、召开座谈会、论证会等多种形式听取意见和建议。但是，对于涉及大学生切身利益，如重大纪律处分的规章制度，起草部门应当组织召开听证会，审查环节针对重大、疑难法律问题的，应咨询法律专家并进行论证，使制度具有合法合理性。在审议和决定环节，规章制度草案必须经校长办公会议按照规定的程序进行审议，最后，经审议通过的规章制度在全校范围内公布，可采取校内公告栏公布及校报、校园网等方式公布，保证制度的公开性，确保大学生知情权的享有和实现。

为了有效开展高校学生管理工作，高校必然要制定高校学生管理方面的规章制度，即通常意义上讲的校规。高校在管理过程中给予大学生纪律处分时，校规通常作为对高校学生管理或处分的直接依据。目前高校校规在制定和使用方面存在一定的问题，违背法治精神的现象也存在。因此，以法律法规为依据，及时修订现有校规，建立符合法律要求、社会进步发展与大学生切身实际利益的高校学生管理规章制度势在必行。确保高校规章制度的程序科学、内容合法，是高校学生管理法治化的关键，是良法之治的应有之义。高校规章制度是高校教育教学、学生管理工作、学生全面发展有序进行的必要基础，是高校提高工作及管理效率的有效手段。高校规章制度注重秩序和效率，更应注重和实现大学生的合法权益，追求公平与正义。

二、完善高校层面学生管理规章制度

当前，我国的经济、政治、教育体制都发生了较大变化，因此，对于高校来说，建立适应时代发展、适应学生身心发展特点的管理机制势在必行。高校学生管理机制是指高校为了协调学生管理的内外关系，便于进行学生管理，以促进学生、高校健康发展为目标，按照一定程序制定，适用于全校师生的规章制度。在制定规章制度时应遵循以下原则。

第一，必须符合国家法治的要求。首先，提高管理者的法律素养。高校学生管理规章制度往往由高校学生管理的管理者来制定，而这些管理者大多出自行政、教育、管理等专业，很少有专业的法律人员，因此，在制定规章时必然存在诸多法律盲点。这就要求管理者必须学习法律知识，提高自身的法律素养，从而保证学校规章制度的合法性。其次，高校可以设立由专业法律人员组成的法治部门。法治部门可以是直属学校党政部门的处级咨询、审核和决策机构，专门负责为学校政策文件的制定开展调研、咨询和起草工作，使文件政策的出台先经法律关；积极参与有关学生管理政策的修改和审订工作，并进行监督；开展法律服务，为学生提供法律咨询，规避法律风险。最后，学校规章制度的制定程序必须符合法律的要求。这一套程序一旦确定下来，不可随意更改，更不可因领导人的主观意愿而进行变动。

第二，必须符合法治化的价值诉求——实现人的自由全面发展。如果高校学生管理的规章制度是倾向于秩序至上的价值原则，而忽视学生作为独立人格的正常需要，那么，这种规章制度的存在就失去了它应有的意义。这就对高校学生管理的规章制度提出了以下要求：其一，在内容上要符合学生身心发展的特点；其二，在制定的过程中要充分保障学生的权利；其三，在制度实施的过程中要充分考虑到学生的差异性。而达到以上要求，最有效的方法是提高学生在管理制度制定中的参与度，这就要求管理者在制定规章制度的过程中，在保证参与人数的同时，还应充分提高学生参与的有效性。这样，高校所制定的规章制度既保障了制度的民主性，也满足了学生的需求。

第三，建立学生管理制度的审查机制。所谓高校学生管理制度审查机制，是指高校制定或修改学生管理制度要由上级主管部门组织，由学生、社会法律工作者和本部门行政领导组成的审查小组审查通过后，才能在学生管理中施行的机制。为了保证审查机制的合理性，还应通过以下几个方面予以确认：首先，管理制度的审查程序是否合法、合理；其次，审查小组的成员是否具备专业素养；最后，审查小组是否做到了权责分明。因此，高校在组建审查队伍的过程中还应对相关人员进行专业培训，并依靠学校行政部门对审查小组进行监管，从而做到权力制衡、互相监督。另外，审查部门要做好复查工作，对于那些与法律相抵触的规章制度，要通过法治部门将之清理，在规章制度实施后对其实施效果进行反馈，并通过法治部门进行修改。

完善高校层面学生管理规章制度，要注重对管理制度进行适时修订与补充。加强制度建设是营造和强化精神文化的需要，是高校有效管理的需要。学生拥有平等的权利去享受学校管理制度赋予的一切权利，在实施过程中每个大学生都有同样的权利。高校、高校学生管理者在管理制度运用的同时，应注意对其适用性的审查。管理制度要有时代性，尽量避免因制度严重老化导致缺乏有效管理现象。高校学生管理工作随着社会发展和高等教育改革发展，出现新情况、遇到新问题，所以应对原有制度进行适时修订与补充。制度的修订与补充须发扬民主，让大学生广泛参与进来，使得大学生认识和了解制度，从而进一步提高大学生自主管理的意识。

为提高高校学生管理工作水平,有效保证教育教学秩序,应当由专门工作人员进行相关制度的管理,从而保证高校管理制度的有效实施。简单来说,需要对制度(校规)进行监督、清理、汇编等,保证制度能够得到严格实施,工作人员能及时发现存在的问题。高校学生管理制度应当得到严格实施,发挥制定制度的意义和价值,否则将会影响到学校管理秩序。在管理制度的清理过程中,一是对于内容不合时宜无法满足学校当前管理工作需要的陈旧的管理制度,或者与最新现行法律法规不符、相悖的管理制度,及时予以修订或者废止。二是对不同时期针对特定领域、特定工作而制定的管理制度要适时进行整理和规范,做好文件间的衔接,避免相互冲突和矛盾。管理制度的清理有利于实现制度体系与法律体系的统一,维护制度的严肃性、权威性。管理制度应汇编成册,将制定、修订和废止情况的说明作为附件,管理制度应发布在校园网上,方便广大师生员工进行查阅、复制和利用。

三、规范学生管理制度执行

(一)执行主体范围与思维方式

高校学生管理制度执行主体就是高校全体学生管理人员,主要包括学校领导、学生工作系统人员、教务系统人员、任课教师及其他工作人员。具体来说,包括负责学生管理工作的学校领导,教务处工作人员、院系主管教务行政领导、教务秘书(教务员),学生工作部(处)、招生就业处、组织部、宣传部、保卫处、武装部、团委工作人员,院系党总支书记、副书记、辅导员、班主任,所有任课教师以及其他工作人员,如财务管理、医务管理、图书管理、实验管理等人员。

人们处理事情有着不同的思维方式,法律思维方式就是重要的一种,所谓法律思维方式是指按照法律的规定、原理和精神思考、分析、解决法律问题的习惯和取向,它的特征是讲法律、讲证据、讲程序、讲法理。以辅导员为代表的广大学生管理者,在进行学生管理时,特别是处理学生的问题时,要依法行事,按照高校学生管理制度的有关规定处理,不要按照传统习惯、道德思维方式办事,不主观臆断,要按照正当程序办理相关手续。

(二)学生管理制度的执行程序

学生管理法律法规和高校规章制度应当设置清晰明确且可操作性强的程序条款,遵循正当程序,规范权力运行。在现实中,大学生涉嫌违反校规校纪,校方通常很快做出处理决定,这样有利于减少或杜绝人情因素,值得肯定。但问题在于这样的处理方式缺乏大学生就事实进行陈述、申辩的环节，大学生无任何充分的陈述申辩准备，因此高校应充分听取大学生的陈述和申辩，防止权力滥用。当然，正当程序不仅体现在大学生管理工作当中的惩戒大学生的程序，也反映在大学生评奖评优程序、组织发展入党程序、学生干部选拔任用程序之中。

1. 事前管理程序

事前程序关键是做好事先发布和告知环节。事前发布就是要做到将制定的规章制度通过文件、校园网、公告栏等方式公之于众，让广大学生知道和了解规章制度的内容，认识到违反学校规章制度可能带来的不利后果。告知的关键在于做出对学生处分决定之前，以送达书面通知的形式告知学生处分所依据的学校规章制度、证据以及学生享有的程序性权利。处理过程中，高校要依照法律法规和制度规定，给予拟受处分大学生相应的时间来准备申诉和辩护。

2. 事中管理程序

事中管理程序主要包括说明理由、听取申辩、举行听证、做出决定这些主要环节。说明理由就是做出对大学生不利影响的处分决定时，向大学生说明给予处分决定所依据的事实、规定，二者因果关系以及考虑的各种因素，听取当事大学生陈述、申辩。让大学生参与进来，便于高校严格审视决定是否真实、充分、恰当。听证其实是听取当事大学生意见的一种有组织的、较为严格的程序形式。处分若对大学生权益有重大实质影响（如影响毕业证、学位证的获得），必须举行听证。做出决定的机构和工作人员要与案件没有直接利害关系。纪律处分决定应通过校长办公会议以学校名义做出，必须按照程序做好书面记录。

3. 事后管理程序

事后管理程序主要包含送达、告知救济途径以及备案环节。送达就是处理决定应及时送达当事学生本人，正常情况下大学生本人应签字，若不能签字，要做好客观情况记载；救济途径是指告知当事学生可依据《普通高等学校学生管理规定》等法律法规和校规，向相关主管部门提出申诉；备案是指高校将处分决定上报给主管的教育部门。

四、提高大学生学校管理参与度

（一）大学生参与管理的意义与现状

大学生参与管理不是可有可无的，不是一种点缀，必须形成一种制度。《普通高等学校学生管理规定》第四十条规定，学校应当建立和完善学生参与管理的组织形式，支持和保障学生依法、依章程参与学校管理。据此，大学生参与高校民主管理就有了充分的法律依据和保障。大学生参与管理也是高校民主办学的重要途径，是高校尊重大学生主体地位的体现，是造就创新人才的重要渠道。

但大学生参与高校管理的状况并不乐观，体现为以下方面。广大学生对当前自我教育、自我管理的学生组织和学生干部的作用认可度偏低。一定程度上来说，学生组织成了学生管理者的传话筒和管理工具，成了个别学生干部炫耀的舞台，无法真正代表广大学生，难以实现保障大学生权益的目的。大学生知情权、建议权、决策权、监督权不能得到彻底的满足和保障，一些大学生反对或消极抵抗参与度低且不合理的规章制度、管理办法。学生代表不具有广泛性、代表性，未能了解广大学生意愿，未能反映广大学生心声。

（二）大学生参与管理的事项与形式

大学生参与学校民主决策和科学管理，是高校适应高教改革和推进素质教育的需要，更是培养高素质、创新型人才的重要举措，有利于促进高校教育、管理和服务工作迈入科学化、民主化和制度化的轨道，有助于管理体制创新和实现学校跨越式发展。

大学生参与高校管理是基于学校与学生有共同目标、相互信任、共同合作的基础，因此要明确大学生依法参与的原则，明确大学生对参与行为负责，认同大学生参与是大学生的基本权利，大学生参与的范围应该集中在与大学生利益相关的学校事务上，创建畅通的大学生参与途径，实行校务公开和信息公开。

大学生的参与程度是有限的，其适宜参与的事项主要体现在以下几个方面：高校内部规章制度（校规校纪）的制定；评估教师教学效果（评教）；部分课程的设置；教风学风建设；教学设施的配置、使用、维护；学生收费项目；学生奖助学金的评定和发放；违纪处理；评奖评优；其他与学生日常管理有关的事宜。此外，针对高校发展过程中遇到的重大问题，学生组织可在学生中开展专题调研，为高校提供建设性意见。

大学生参与管理主要采取如下几种方式：第一，高校、学院设立收集大学生意见和建议的渠道，比如设立意见箱，相关部门和工作人员进行处理，并给予及时反馈。高校职能部门领导定期参加接待日，倾听大学生心愿，了解大学生诉求，切实解决问题。第二，涉及大学生重大利益的事项，相关部门必须召开会议，有关部门领导、教师代表、辅导员、大学生代表参加会议，大学生代表出席并发表意见和建议。第三，高校制定、出台与大学生利益相关的政策、制度时，必须召开由大学生代表参加的听证会或座谈会，充分听取大学生代表的意见和建议。

（三）提高大学生管理参与度的对策

1. 坚持"三全"原则是前提

"三全"就是指大学生的全员参与、全面参与和全过程参与。全员参与就是努力创造机会，让广大学生关心了解高校各方面发展情况，积极参与高校各项事务的管理，避免老师包办和学生干部代办的现象。全面参与就是指广大学生有权参与涉及自身利益的各种组织和工作，比如与大学生密切相关的教育教学管理、学生自我管理、校园文化建设等活动，赋予大学生更多的建议权、参与权、发言权、监督权和决策权。全过程参与就是指广大学生有权参与学校民主管理的全过程，全部过程都要确保广大师生的有效参与。

2. 培养参与能力是重点

高校学生的知识、经验、角色和现代高校管理的专业性、复杂性决定了大学生不可能对高校事务起关键的决定性作用，但倘若放弃大学生的参与，制定决策的科学性和执行政策的有效性会大打折扣。参与管理或决策是需要必要的素质与能力的，大学生个性心理发展已经成熟，具备了自主自立精神，具备了一定的知识水平，具有了强烈的民主参与意识。高校应科学地引导和正确地培养学生，为大学生参与管理提供相应的培训，提供更多的参与管理的机会，使大学生参与能力在实践中得到锻炼，在高校各项民主管理中发挥更加积极的作用。

3. 自治组织作用是关键

大学生是高校管理的组成部分，学生会等自治组织虽然存有不足、有待完善，但至少肯定了大学生的参与权利，是大学生参与民主管理的重要形式，也是大学生和高校有效沟通的渠道。事实上，大学生处于弱势地位，孤立的大学生个体难以主张权利，但可通过学生自治组织来参与学校的民主管理。为了更加突出大学生主体地位，保障大学生充分实现参与民主管理权利、合理表达大学生诉求、了解学校现实状况、及时提出教育教学和管理中的意见和建议，大学生要利用好学生自治组织这一增强校生间沟通的有效平台，提高教育服务的实效性、针对性。

随着高校学生管理法治化的深入，学生自治组织的作用将越来越大。从民主管理的组织形式来看，在我国，学生会是大学生参与民主管理的重要组织形式。高校应当支持学生自治组织建设，从自治组织的组成、职责权限、工作程序等方面加以完善，使之能够充分发挥参与民主管理的作用；大学生也应当以此为契机提升民主参与和管理能力，在参与中维护自己的合法权益。此外，大学生社团等都可以成为大学生参与民主管理的组织，高校应赋予这些组织诸如参与决策、提出意见、进行监督等各项权利。

第三节　优化高校学生管理法治环境

人们的法律意识是在一定的外部环境促成下形成和发展的，社会环境对人的法律意识的养成起着至关重要的作用。当然，我国高校学生管理工作也受到不同环境的影响。高校应当创设一切条件服务学生，尽最大努力保障学生享有的合法权益，为学生法律意识的形成给予适宜的成长条件，这是高校学生管理法治化的基本态度。

一、优化高校学生管理法治环境的意义

高校管理环境为大学生的健康成长成才提供坚实的平台。高校给大学生提供一种充满公平与有序的法治环境，就能为大学生实施创造活动提供一种强有力的支持。建立健全的法律法规制度可以促使大学生形成良好的法治信仰。在法律法规的授权范围内对学生进行教育管理，能够让学生尊重法律，在管理学生的过程中建立应有的权威，营造一种法律至上的法治环境。当学生形成法治观念之后，就会在日常的生活中信任和尊重法律，在现实生活中真正地维护法律的权威，在自身的权利受到侵犯时，自觉地运用法律的武器维护自己的合法权益。

二、高校学生管理环境分类

通常来讲，高校学生管理环境有客观环境和精神环境两大类。现在社会环境发生着巨大的变化，造成在新的历史发展时期我国高校学生管理变得更加困难。从客观环境这个视角看，高校应当实施科学合理的规划，周密部署，增强对校园环境的综合有效的治理，为大学生的健康成长成才营造良好的校园环境。从精神环境这个视角看，主要是指高校通过继承优秀的精神文化产品，汲取精华，剔除糟粕，不断进行理论创新，进一步提高校园文化建设，充分尊重高校大学生的主体性地位，切实保障高校学生的合法权益，推进高校学生管理工作，促进高校营造与人才培养相适应的，包含高校文化精神、制度体系、法治文化在内的学习软环境。营建浓厚的高校法治氛围，为学生营造

良好的法律学习场景，帮助学生积极主动地养成法律意识的良好观念，成为法治观念强的高素质人才，让学生学会运用法律武器维护自身的合法权益，培养学生主动参与学校和班级事务管理的能力，这不仅仅是对大学生进行素质教育内容的一部分，同时也能够对高校学生管理法治化的进程产生积极的推进作用。

三、创设良好的高校学生管理法治环境的举措

加强高校法治的宣传教育工作是创设良好的高校学生管理法治环境的一个重要举措。截至目前，我国有关高校教育管理方面的法律、法规已经公布了很多。这些法律法规为有效地实施依法治校提供了重要的法律根据。高校教师和学生了解法律法规是实施高校学生管理的基础和前提。所以，高校应当积极主动地进行教育法律法规的学习和宣传，把法律法规的学习和宣传纳入高校的日常工作中，并且要长期地贯彻下去。高校要经常在高校的党政管理部门和教师队伍中举行教育法律法规的讲座活动，让学校的行政管理人员及高校的教师掌握法律法规知识，使他们更好地服务于高校的管理工作和教学工作；要在全国范围内高校辅导员的培训工作中增加教育方面法律法规知识的培训，在对辅导员的培训工作中要结合案例，采用理论联系实际的方法，切实增强依法进行高校学生管理工作的能力；要在高校学生的教学计划中增加一些教育法律法规方面的内容，还可充分发挥高校校报、校园广播、校园网络平台、校园宣传栏等传播平台的作用，借助座谈会、讨论会等学习形式进行法律法规知识的宣传和普及，从而更进一步地推动教师和学生之间的交流与沟通。

在法律法规的宣传教育中，高校领导应当起模范带头作用，做好领头羊，以身示范，使高校从管理人员到教师和学生都学习、掌握与高等教育事业发展息息相关的法律知识，使学校管理人员自觉地遵循教育法律法规，进行理性的教学管理工作，有效实现高校学生教育管理法治化建设。高校学生管理工作的一线工作者——辅导员，应在日常的学生管理工作中，通过亲身体验，躬身践行，严格遵循法律法规，开展学生教育管理工作，还应当联系社会生活中的具体诉讼案例和与教育相关的法律法规，通过进行相关的班会，以及让学生走出校园参加实践活动，持续向大学生开展法律知识的宣传工作。此外，还可以邀请一些专职的司法工作人员，指导构建大学生法律援助组织，同时与司法机构保持一定的联系，营造良好的法治学习环境。

第四节　加强对高校学生管理者及大学生的法治教育

一、提高高校学生管理者的法律素养

高校学生管理者作为法治化进程的引导者，对法治化建设起到至关重要的作用。故此，他们更应以身作则，引领学生共创法治校园。

（一）管理者应当树立学生本位思想

学生本位思想是以人为本理念在学校教育中的延伸。以人为本的本质在于促进人身心自由、全面发展。将以人为本的理念置于教育工作中，便是强调一切从学生的角度出发，以学生自由而全面的发展为根本，做到尊重学生、相信学生、发展学生。

要尊重学生权利，树立平等意识。依法治校，保护学生权利，已成为高校健康发展和实现学生管理法治化的必要条件。法律面前，人人平等。管理者和被管理者都有各自的权利和应当履行的义务。因此，在管理活动中，学生应当受到平等对待。高校学生管理者在管理过程中，要以保护学生的权利为出发点，在要求学生履行义务的同时应当首先保障他们的合法权利。这也意味着，管理者不应只考虑到自身的权利及学生应当履行的义务，应更多地去考虑自身的义务与学生的权利。如果学校的规则只是为管理者量身定制的，那么，学生势必难以接受并自觉遵守。

要尊重学生的主体地位，使学生积极参与到法治化管理的进程中来。在传统的学生管理中，学校管理的过程也大都由管理者一手操办，往往出现管理方式不切实际或者管理过于死板等现象，这很大程度上束缚了高校管理的自主性，也阻碍了学生的自由发展。甚至有的学生一听到学生管理，便误认为是纯粹的管理工作，从而将自己完全置身于管理之外。这就要求管理者充分尊重学生的主体地位，并使学生认识到自己在学生管理中的重要地位，从而提高学生参与的积极性。为此，管理者应当为学生营造良好的参与环境，如大力宣传法治文化，使学生明白自身对推动高校管理法治化进程所起的作用，或是通过各种奖励手段，鼓励学生积极参与管理工作。另外，要为学生参与学生管理工作提供多种渠道，如建立多层次的学生参与管理的组织、多采纳学生的建议等。

（二）管理者要提高自身的法律素养

当前，高校与大学生纠纷的产生，很大原因是管理者不懂得如何在法律的范围内去惩戒学生。这一方面是因为部分管理者的法律知识过于贫乏，无法判断自己的管理行为是否触犯了法律；另一方面是因为管理者知法犯法。这样一些状况定然不利于学生管理的顺利开展，也不利于学生与高校的长远发展。因此高校管理者必须努力提高自身的法律素养。主要从以下几方面着手：一是学习法律知识。作为高校学生管理者，应在掌握专业知识的同时，做到与时俱进，适时学习新知识、新技能。二是要做到依法办事。对于那些知法犯法的管理者应给予严肃处理。当然，这只是采取外在的强制化手段来减少管理者的违法行为，最关键的还是在于要提高管理者依法办事的自觉性。在日常工作中，要加强对管理者的法治教育，使他们认识到法律的权威及自身的义务。在管理的实践工作中，要时刻提醒广大管理者遵循依法办事的原则，切忌滥用职权。

二、树立法治化观念

（一）树立主体性观念

理念的更新是教育界乃至全社会经常讨论的话题，现实中，观念的转变是微小的，存在搁浅状态。主体性观念是教育管理领域既熟悉又陌生的话题，熟悉源于教育个体对自身主体地位有过反思和追寻，崭新在于每个历史时期都被赋予新的意蕴。主体就是指从事实践活动和认识活动的人，且能意识到自身是活动的主导者。人的主体性是人作为活动主体的质的规定性，是现代人最重要的观念之一，主体性观念反映人的情感需求、激发人的意志、唤起人的动机、调节人的行为、优化人的心理。现代社会为人的主体性弘扬提供了优越的条件，新时期高校学生管理工作也呼唤主体观念的弘扬与实现。教育者应该认识到自身并不是教育的唯一主体，从更具本质含义的层面来说，教育对象是真正意义上的主体。

近些年来，伴随着高等教育的改革与发展，高校与大学生之间的法律关系一定程度上具有契约特征。高校管理者应该以大学生为本，树立服务意识，关心学生、了解学生，解决学生难题。高校学生管理者在实际工作中应注意发挥大学生主体能动性，引导大学生积极参与各种管理活动，改变大学生从属和被动的地位，实现大学生自我管理。高校一般实行以辅导员为中心的学生管理方式，对大学生注重防控和严格管理，容易出现管理失范现象，大学生容易形成对立情绪。高校学生管理中宜推行以辅导员为主导、以大学生自治为中心的学生管理模式，该模式下大学生既是管理者又是被管理者，双重主体地位极大提高了大学生的积极性，使大学生的主体意识明显增强。

在大学生思想政治教育和管理工作中，要充分尊重和发挥教育对象即大学生的主体能动性，以民主、平等的主体关系和双向互动为基础，使得教育者和教育对象都成为教育活动的主人，使教育活动真正成为一种主体双边活动。面对主体意识迅速发展的青年大学生，教育者应加强对大学生主体性的培养、开发与建设，在尊重、沟通中提高大学生对话能力，使大学生认可教育者指导下的教育价值目标，以主体视角体察教育活动及其所表达的意义，在角色关系的良性互动中增强教育实效。教育管理活动中教育主体之间的矛盾与冲突，不一定是正确与错误、先进与落后的冲突，有时候只是教者的定向要求与受者的自由选择要求的冲突。辅导员工作中的主体性，体现为教育者即辅导员的主体性和受教育者即大学生的主体性。辅导员工作应实现"要我做"到"我要做"的转变，坚持弘扬主体意识，充分调动主体参与热情。同时，工作中要依靠大学生，谨慎地用经验、权力、政策和权威管理大学生，尊重大学生主体地位，重视大学生基本权利，发挥大学生主体作用，塑造大学生主体属性，承认大学生主体能力差异，促进彼此平等，建立和谐关系。辅导员应努力成为大学生与高校沟通的桥梁、纽带，畅通大学生表达途径，倾听大学生心声，反映大学生意愿，维护大学生利益。

（二）树立权利本位观念

权利和义务作为一种文化和制度现象，伴随法与国家而出现于人类社会，也是人类从古至今法律思想精华的积淀。权利和义务的概念是思想与文化发展进程的凝结。

权利义务观念的要义是：对权利和义务为何物有清楚的认识；知晓自己的权利及其正当性、合法性、可行性和界限；在法定范围内行动以追求和行使自己的权利，勇敢地捍卫自己的权利，但不可无视社会所能提供的物质和精神条件以及社会的承受能力而盲目主张权利和滥用权利；在任何情况下绝不逃避和推卸由于自己的过错而应该承受的法律责任和道德责任。权利和义务是法所追求的价值目标，权利是体现在法律规范中，实现于法律关系中，主体以相对自由的作为或不作为而获得利益的手段；义务是体现在法律规范中，实现于法律关系中，主体以相对抑制的作为或不作为而保障权利主体获得利益的约束手段，但法律的终极关怀是实现权利。

以辅导员为代表的高校学生管理者在实际工作中，要坚持学生权利本位，这是高校学生管理法治化的本质要求。将学生权利本位理念贯穿于辅导员工作中，承认大学生主体性需求，维护大学生的权利、尊严和自由，实现对大学生的价值关怀与法治关怀，是树立高校管理法治化观念的必然要求。

（三）树立服务的理念

我国的普通高校是经过国家教育行政部门批准设立的事业单位，高校在日常的教学活动中，必定要进行相关的教育管理行为。促进大学生自觉养成社会主义建设要求的法治素养，是我国高校学生管理工作的重要任务，同时良好的法治素养也是国家实施依法治校、实现高校学生管理法治化所应达到的价值目标。

学生缴纳学费及住宿费从某种程度上属于家长和学生对教育事业的一种理性的投资，所以家长和学生有权利要求高校给予优质的教育服务，进而促使教育投入行为得到合理的回报。然而，一部分高校的学生管理人员忽视了对学生主体地位的尊重，在教育管理工作中，并没有给予学生优质的教育服务。所以，高校学生管理工作者要树立服务的思想理念，在日常的教育管理中注重对学生服务意识的提高，在日常工作中切实表达出以人为本的教育理念。

为此，首先应加强对高校管理者、教师的正确引导，树立他们的服务理念，提高他们为学生服务的意识，从而提高服务学生的质量。其次，改变、调整落后的工作机制。高校应当积极主动地创新工作机制，调动高校学生管理者对学生工作的热情，借助科学规范的制度引导管理者，使其形成正确的教育理念。人才是国家的宝贵资源，一定要确立为学生服务的思想意识，以保障高校学生的合法权益为出发点，在实践中贯彻落实高校学生管理的基本要求。

三、加强对高校学生的法治教育

要增强高校学生的法治意识，就必须对大学生进行法治教育，使他们明白自身的权利与义务，做到懂法、守法。大学生作为社会主义事业接班人，肩负着推进新时代中国特色社会主义事业的重任。但是，一方面，高校学生作为社会的弱势群体，他们的合法权益常常受到损害；另一方面，大学生的思想相当活跃并且易于受到外界的影响。因此，在高校学生管理的过程中，不能仅仅依靠思想政治教育的力量，更要依靠法律的强制力，使学生能够依法维护自身的合法利益并自觉遵守法纪法规。

首先，我们要提高大学生的权利意识。大学生作为一个特殊的群体，具备双重主体身份。他们作为学生，享有受教育者的一般权利；作为公民，具备法律所规定的基本权利。要维护大学生的合法权益，就得让他们自身认识法律并懂得运用法律手段为自己辩护。一是要在大学教学中开设法治课程、讲座等，使学生了解法律知识。二是要在实践活动中，为学生提供一些运用法律知识的平台，如在制定某些管理规则时可以采取学生参与的方式，实践他们的选举权。尤其在惩戒学生时，可以采用听证会的方式，让广大学生自由发表意见。三是社会各相关部门要加强法治知识的宣传，实施普法教育。只有人人都具备了法治观念，大学生才敢于更自信地运用法律知识去维护自身的权益。

其次，我们必须加强大学生的法治观念。当前信息技术的迅猛发展，在给学生带来新知识的同时，也给学生的发展带来诸多隐患。譬如诸多学生沉迷在虚拟化的网络世界，甚至将网络世界中的行为带入现实，从而做出过激行为，甚至走向违法犯罪的道路。因此，我们应加强大学生的尚法、守法意识。在入学教育中，要对学生进行校纪校规教育，并采用各种实践活动，如校纪校规知识抢答赛，以加强学生对校纪校规的认识。在课堂教学中，要加强大学生的法治观念，引导他们崇尚法律、尊重法律，依靠法律手段来解决问题。在保障学生权利的同时，也应当引导他们履行相应的义务，并提高学生的守法意识和责任意识。高校管理者鼓励学生积极维护自身的利益，并不代表提倡学生为了自身利益去做违背学校规章制度的事。要积极引导学生自觉遵守法纪、自觉履行义务，并树立强烈的责任感，秉着对自身、对社会负责的态度去学习和工作，从而在无形中将法治思想内化为自身行为的指导思想。

四、注重大学生法律教育

（一）加强宪法宣传教育

2014 年 11 月 1 日，第十二届全国人大常委会第十一次会议决定，将每年12 月 4 日设立为"国家宪法日"。宪法是国家根本大法，是治国安邦的总章程，要进一步彰显"弘扬宪法精神，建设法治中国"主题。青年大学生是法治宣传教育的重点对象，因为青年是祖国的未来、民族的希望。青年大学生具有一定的文化水平和较强的接受能力，对其进行法治宣传教育容易收到理想效果，有利于大学生宪法观念的树立、法律素质的提高。我国法治宣传教育要以宪法为核心，进一步树立宪法意识，维护宪法权威，要广泛宣传宪法，让宪法深入人心，认识到宪法是保障公民权利的法律武器。大学生思想政治教育者和管理者在实际工作中要忠于宪法、遵守宪法、维护宪法，坚持依法治校与以德治校相结合，工作中要依法管理、立德树人、人性服务。大学生管理者在引导大学生树立宪法观念的过程中，应当以社会主义法治理念为指导，加强对大学生的宪法宣传教育。

（二）注重法规校规培训

当前我国高校法律法规的学习和宣传力度不够，未能收到令人十分满意的教育效果。我国高等教育法律法规的出台与完善及高校学生管理制度的规范，为大学生管理法治化提供了依据，学习法律法规、加强法治宣传、培养师生法治观念，成为高校学生管理法治化的重中之重。

高校应该加强法治宣传教育，要定期开展内部学习、自主学习、案例探讨，举办法治讲座，提升以辅导员为代表的大学生管理者的法律素质，强化教育管理者对法律、法规的认同，以期实现学法、知法、守法、用法，提升法律素养，摒弃人治模式，纠正重义务、轻权利的错误观念。管理者要引导大学生树立法律意识，向大学生宣传法规校规，讲解典型案例，使得大学生了解自身所应享有的权利和履行的义务，使大学生懂得利用法律手段维护自身权益，形成遵纪守法、文明自律的氛围，促进大学生管理法治化的实现。

同时，要在大学生当中开展法规校规的学习活动，做到形式灵活、内容丰富。具体而言，要完善法律基础课授课方式，提升法律基础课教学效果，借助模拟法庭、校报、广播、校园网、宣传栏、学生手册等强有力的宣传渠道以及微博、QQ、微信等新媒体平台进行宣传，使大学生知道必须做什么、可以做什么、禁止做什么，增强其遵纪守法观念，使大学生养成良好行为习惯，积极参与到与自身利益相关的各项工作与活动当中。

总之，高校要通过广泛深入的学习宣传，使得法治观念，尤其是大学生管理法治化的观念深入广大师生心中。高校学生管理者要率先垂范，以身作则，提升法律意识，增强法律素质，提高处理学生法律事务的能力。大学生要积极参与学校的民主管理，维护自身的合法权益。

五、注重教师和学生的法治信仰、法治思维与法治能力培养

师生的法治信仰、法治思维以及法治能力是推进高校学生管理法治化的核心。教师是学生管理制度的执行者。首先，必须不断加强教师培训，通过案例研讨、辅导员沙龙等措施进行法治化专题培训，培养教师的法治信仰、法治思维，提升其法治水平和法治能力，以保证在学生管理中严格执行相关

规章制度，维护学生合法权益。其次，要加强学生法治信仰、法治思维与法治能力培养。心中没有规则就无所谓遵守，也无法遵守，权利受到侵犯时也无法利用规则维护自己的合法权益。因此非常有必要通过统一印制学生手册、在入学教育时集中开展规章制度学习以及对重要的制度进行考试等方式，让学生掌握相关规章制度。最后，引导学生树立权利义务相统一的意识。公民依据宪法和法律明确自己的权利与义务，是具有独立判断、独立选择能力，对自己行为负责的自然人。依法享有权利和承担义务是公民最基本的要求，因此，在高校学生管理中，非常有必要引导学生树立权利义务相统一的意识。要不断促进师生对相关法律法规和规章制度的了解和掌握，并内化于心、外化于行，形成法治思维、规则意识和制度自觉，使师生能够知法、守法和用法，以实现以法治文化育人。

第五节　完善高校学生权利救济途径

无救济即无权利。大学生救济性权利基本处于应然状态，很难转化成实然权利，从法治角度看，进一步完善大学生权利救济制度显得极为重要。

高校学生管理者在大学生处分工作中，应做好处分事实的调查，做好处分的告知、处分的送达、申诉等关键环节的基础性工作。当下大学生处分与权利救济制度还不完善，因此要进一步健全大学生权利的监督保障机制，遵循法治精神，尽最大可能减少高校侵权行为，切实从以人为本视角去有效保护大学生权利。

简单来说，若申诉人受到警告、严重警告、记过、留校察看等纪律处分，学校申诉处理委员会对申诉请求做出的决定视为最终决定；若申诉人受到丧失学习和受教育权这一学生权利与资格时，申诉人有权利向主管教育行政机关申诉，若不服行政申诉，可以向法院提起行政诉讼。另外，如果大学生权益遭受学校、教师侵害，大学生可以向法院提起民事诉讼。

从目前我国相关的教育法来看，当高校学生的合法权益受到管理行为的侵犯后，学生维护自身利益的权利救济途径主要有两条：一是向高校或教育主管部门提出申诉。二是走司法途径，即学生对高校侵犯其合法权利的行为向法院提出诉讼。因此，要想维护学生的合法权益，就必须构建完整的、合理的学生权利救济机制。

一、建立法律服务机构

随着依法治国方略的不断深入，高校应当建立起一个专门的法律工作部门，形成对大学生的管理制约和监督机制。高校要建立法律工作服务机构，编纂高校政策法规文件，调研起草高校管理规章制度，制定高校学生校规校纪，受理和调查纠纷，劝导争议双方达成协议，为当事各方提供法律咨询服务，并在双方当事人自愿平等基础上，依据国家法律、法规进行调解，摒弃由学生处（学工部）、保卫处、辅导员、派出所等来调解的现状。这有助于高校学生管理法治化的开展以及对有关部门工作进行有效监督，值得推广和借鉴。与此同时，高校可聘请校内外法学教师、律师等担任法律顾问，在处理大学生管理的各种法律问题及纠纷时，法律顾问作为独立、中立一方参与其中，能起到见证人及大学生权利保护人的作用。

二、健全完善申诉制度

（一）构建并规范申诉程序

注重程序是现代法治理念的核心，高校应当制定一套完整的申诉程序，方便学生及时维护自身的权利。这套制度必须区分于管理制度，并且它的制定和实施者应当是负责处理学生申诉问题的专职人员。同时，这类专职人员与思想政治教育学生管理者的地位应当是平级关系。此外，有关教育、行政部门还应当为学生制定一套方便、实用的申诉程序，从而为学生权利救济提供一个良好的制度平台。除此之外，相关法律部门应当完善学生诉讼所需要的法律程序，以便为学生提供司法保障。

申诉程序必须注意一些细节问题的处理，真正做到程序正当，符合高校学生管理法治化要求。申诉过程具体应该涵盖提出、受理、审理和处理四个关键环节。大学生收到处理决定书后，于规定期限内以书面形式向学生申诉处理委员会提出申诉，申诉书中应载明事实、争议问题、申诉要求并附相关证明。学生申诉处理委员会收到学生申诉书后应当在规定期限内，对申诉资格和条件进行核实审查，决定是否受理。受理过程中要通过调阅材料、调查核实情况，对申诉事件展开全面审查，审理过程中听取争议双方的意见和理由，依照多数意见形成处理意见书，可根据不同情况做出处理决定。校内申诉处理程序可参照《中华人民共和国行政复议法》和《中华人民共和国行政诉讼法》对行政复议和行政诉讼程序的规定，如将书面申诉、公开审理、回避、告知、时效等程序性制度引入到校内申诉当中。

（二）校内学生申诉制度

《中华人民共和国教育法》第四十三条针对学生申诉权利做了相应规定：对学校给予的处分不服向有关部门提出申诉，对学校、教师侵犯其人身权、财产权等合法权益，提出申诉或者依法提起诉讼。这是大学生权利救济的法定依据。高校校内学生申诉制度，是大学生在接受教育管理过程中，对学校给予的纪律处分不服或认为高校和教师的行为侵犯了其合法权利，而向高校学生申诉处理委员会提出要求重新审查并做出处理决定的制度。高校学生申诉处理委员会应该是独立于高校的学生管理机构，独立办理有关大学生申诉事宜并做出处理决定。

我国高校学生管理申诉制度存有诸多有待完善之处，需要进一步规范。

学生申诉处理委员会作为高校处理学生申诉案件的机构，应当为大学生提供最便捷、成本低、最高效的救济途径，受理范围应当宽泛，不宜做出过多限制。

受理申诉的目的是为了维护和保障大学生正当合法权益，规范和矫正大学生管理行为。大学生对高校给予的纪律处分有异议或认为高校和教师侵犯其合法权益的，均可以提起申诉。因此，法律法规需要进一步明确受理范围。具体而言，包括大学生纪律处分范围，即警告、严重警告、记过、留校察看、开除学籍；人身权受案范围为大学生享有的各种人身权，如大学生的人格尊严受到侮辱，学生享有申诉权利；财产权受案范围为大学生享有的各种财产权，如高校违反法律法规，向大学生乱收费等。

依据《普通高等学校学生管理规定》，学生申诉处理委员会需要改变原处分决定的，由学生申诉处理委员会提交高校重新研究决定。若高校再做出与先前决定同样的决定时，学生申诉处理委员会所做的决定仅有建议意义，不具备决定效力。笔者认为，学生申诉处理委员会有做出撤销和变更决定的权力，享有特定事项的相对独立决定权，立法必须明确赋予学生申诉处理委员会独立处理的决定权，但仅限于不影响学生受教育权完整性的管理行为，即可以直接做出撤销或变更的决定，高校应该执行学生申诉处理委员会做出的决定。若对于影响学生受教育权完整性的管理行为，学生申诉处理委员会仅有建议权而无决定权，由高校行使决定权。若高校仍然做出与先前决定同样的决定，学生可向省级教育行政部门申诉。

（三）教育行政申诉制度

教育行政申诉制度是政府教育行政主管部门依法处理学生申诉请求的制度，是学生校内申诉无果后向主管教育行政部门提起的行政申诉制度。

《普通高等学校学生管理规定》第六十二条规定：学生对复查决定有异议的，在接到学校复查决定书之日起 15 日内，可以向学校所在地省级教育行政部门提出书面申诉；省级教育行政部门在接到学生书面申诉之日起 30 个工作日内，对申诉人的问题给予处理并作出决定。从我国现有教育法律法规看，对教育行政申诉制度实体内容有比较明确的规定，但学生如何行使教育行政申诉相应权利，申诉程序如何进行未有具体明确规定，操作性不强。申诉的范围、程序、时效、结果的期限以及不服教育行政申诉如何再寻求下一步法律救济等缺乏具体明确细致的程序性规定。因此对教育行政申诉程序的完善显得十分迫切，教育行政申诉案件也应该进一步得到重视，教育行政申诉制度实施细则有待出台，实践中各级教育行政部门应确立专门受理学生申诉的机构，明确申诉的工作程序与受案范围，以期规范申诉案件的处理程序。教育行政主管部门在处理有关高校学生申诉请求时，应当根据个案情况作出维持、责令限期改正、撤销和变更的决定。

《普通高等学校学生管理规定》第六十二至六十五条比较具体地规定了教育行政申诉制度内容。第六十三条规定，省级教育行政部门在处理因对学校处理或者处分决定不服提起的学生申诉时，应当听取学生和学校的意见，并可根据需要进行必要的调查。根据审查结论，区别不同情况，分别作出下列处理：事实清楚、依据明确、定性准确、程序正当、处分适当的，予以维持；认定事实不存在，或者学校超越职权、违反上位法规定作出决定的，责令学校予以撤销；认定事实清楚，但认定情节有误、定性不准确，或者适用依据有错误的，责令学校变更或者重新作出决定；认定事实不清、证据不足，或者违反本规定以及学校规定的程序和权限的，责令学校重新作出决定。这些法规条款为高校学生管理提供了重要的依据，突出了以学生为本的理念。

三、完善行政诉讼制度

从《中华人民共和国行政诉讼法》规定的内容来看，高校学生行政诉讼，就是学生认为高校在学生教育管理过程中作出的行政行为侵害了其合法权益，请求人民法院进行审理的行为活动。诉讼是解决冲突与纠纷的最后救济渠道和实现社会公正的最后一道防线，是正义的最后守护神。司法审查介入高校管理行为是对高校行使教育行政权力的一种外部监督，高校学生管理法治化建设必须以司法审查为保障。作为司法审查和救济途径的行政诉讼，能够有效保障大学生的合法权利，约束规范高校学生管理行为。然而，高校和大学生的法律关系问题以及行政诉讼是否可以介入大学生管理，一直存有争议，导致了实践中法院受理案件上的摇摆不定。在司法实践中，高校可视为法律授权组织，是适格的行政诉讼被告，这样使得高校的部分管理行为纳入司法审查的范围，但仍然无法完全保障高等教育纠纷中当事学生的合法权益。实践当中不同法院持有不同意见，对于纠纷有的予以受理并做出判决，有的却被驳回，大学生诉讼请求权不能得到有效保护。因此，维护大学生诉讼请求权是高校学生管理法治化的重要使命。

针对颇受争议和质疑的教育行政诉讼问题，在司法审查实践当中有待进一步完善教育行政诉讼。

（一）审查范围与标准的必要限度

司法审查理应充分尊重学术自由，充分尊重高校办学自主权与自主管理权，否则不利于高校正常的教育教学管理秩序。为此要准确把控高校自主管理与司法介入二者之间的关系，司法介入必须在合法尺度与合理限度内进行。司法审查介入高校学生管理领域必须有合法的尺度和合理的限度，将基点放在教育行政权方面，避免对学术权的不当干涉，不能干涉高校办学自主权与内部自主管理权。司法介入的合法尺度就是司法在自身权限和能力范围内介入高校学生管理领域，法院受理、审理案件具有合法根据，在职能范围内法院行使专属司法权，把握好尺度才能实现国家司法权与高校合法办学自主权、民主管理权的平衡。司法介入的合理限度就是司法权对高校管理领域的介入不是毫无边界的，司法审查的范围和程度应当受到限制。

审查范围限定在形式与程序合法性上，审查标准是以程序审查为主，事实审查为辅，审查前确定问题是属于学术问题还是法律问题。教育是个专业性较强的领域，法官不是教育专家，学术问题归大学，留给专家去认定和解决，法律问题归法官，司法机关无权也无能力决定学术问题。司法审查不干预学术权力，而应侧重审查行政权力，对高校教育行政职权进行监督。高校学生管理行为对大学生的身份资格、完整受教育权有实质重大影响时，大学生可以向法院起诉高校，法院应当对高校学生管理行为进行司法审查。经过法院审查，对于证据非常确凿、适用法律正确、程序正当合法的，法院判决维持高校管理行为；对于主要证据不足、适用法律错误、违反法定程序、超越职权、滥用职权的，法院判决撤销或变更高校管理行为。

（二）司法审查介入前充分运用高教领域内部救济

高校学生寻求司法救济前应当已经充分运用了高教领域内救济手段。高校学生管理是一项专业性、综合性较强的工作，例如针对学生考试、毕业论文答辩、学位授予的争议，这类属于具有高度专业性的问题，由教育系统内部进行公正裁判更加有利于化解纠纷。而从诉讼经济角度来说，司法资源有限，司法成本较大，从立案、审理到执行，耗费掉大量的人力、物力、财力；对当事学生来讲，诉讼成本是非常高的，能够以较小成本解决问题是最佳选择；从社会角度来看，可以节约司法资源，否则，诉讼案件剧增，可能会导致诉讼拥堵，浪费国家宝贵的司法资源；从高校自身来讲，可以降低或减少诉讼成本，否则会使得高校疲于应付类似诉讼，影响正常的教育教学与管理秩序。

另外，需要说明的是，大学生与高校之间因管理行为而发生的纠纷，首先要启动校内学生申诉程序，大学生仍不满高校学生申诉处理委员会复查决定的，再启动校外教育行政申诉程序。大学生对校外教育行政申诉程序处理决定不服，且实质影响大学生受教育权，该案件方可启动行政诉讼程序。

四、拓宽学生权利救济渠道和范围

就之前存在的问题来看，大学生权利救济渠道、范围狭窄，这往往使得大学生申请权利救济无门。因此，要想改善这一点，应着重从以下几个方面着手：一是要建立高校内部的学生申诉委员会。学生不服学校学生申诉处理委员会的决定，可以向学校所在地省级教育行政部门提出书面申诉。若学生申诉处理委员会不受理学生申诉或超过规定期限未作出处理决定的，学生有权向学校所在地省级教育行政部门提出申诉。学生申诉处理委员会建议学校重新作出处理决定而学校不予作出或作出与先前相同处理决定的，学生可以继续向学校所在地省级教育行政部门提出申诉。为保障学生的合法权益，有诸多学者建议教师代表和学生的人数应当高于总参与人数的三分之一。二是要建立校外学生申诉处理委员会。校外学生申诉处理委员会应当由教师协会、大学生协会和律师协会等按照一定的程序和条件组成。这个部门的业务受行政管理部门的指导，但它并不隶属于这个部门，而是属于相对独立的裁判机构。三是在法制法规上对诉讼、申诉范围应当进行调整，尤其是要加强司法救济的力度。习近平总书记在中央政法工作会议上的讲话中指出：强化法律在化解矛盾中的权威地位。以此省去诸多烦琐的程序，为保障学生权益提供更为省时、省力的有效途径。

五、确保权利救济发挥实效

这主要分以下几种情况来处理：其一，申诉委员会在规定期限内不作为的，学生可以就这种情况向上一级行政机关申请复议，或直接向法院提出诉讼。其二，申诉委员会要求高校变更处理方式的，若高校不执行，申诉委员会可以撤销高校的处分决定。其三，若学生不满申诉委员会的决定，也无法接受高校严重影响其受教育权等的决定时，应该赋予其直接向法院诉讼的权利。当然，在这里需要提及非常重要的一个环节是，学生提出申诉、诉讼，且高校或法院受理其案件后，应当尽可能地为学生提供听证的机会。举行听证可以让学生有更多的机会为自己申辩，有利于高校、法庭作出更加科学、合理的决定。其四，在学生提出申诉后，进行有效的反馈。一是应该配备专门负责处理案件反馈的管理人员。在学生提出申诉之日起，管理者应该对其提出案件的处理进程有明确的把握。二是要提高案件处理的时效。三是在对案件作出决断后，要进行后期反馈。以提高申诉处理的质量，并将权利救济落到实处。

参考文献

[1] 冯培 . 中国高校学生事务管理模式创新 [M]. 北京：中国人民大学出版社，2009.

[2] 屈善孝，梅子健 . 高校学生管理法治化研究 [M]. 北京：经济日报出版社，2010.

[3] 孙华 . 我国公立高等学校治理模式的嬗变 [J]. 辽宁教育行政学院学报，2010，27（05）：35-37.

[4] 钟贞山 . 权益诉求视域中的大学生管理法治化研究 [M]. 南昌：江西人民出版社，2012.

[5] 王金祥 . 高校学生管理工作研究 [M]. 沈阳：辽宁大学出版社，2012.

[6] 储祖旺，李祖超 . 高校学生事务管理模式创新 [M]. 武汉：中国地质大学出版社，2015.

[7] 曾瑜，邱燕，王艳碧 . 高校学生管理工作法治化研究 [M]. 成都：西南交通大学出版社，2016.

[8] 王瑛 . 高校学生管理创新模式研究 [M]. 长春：吉林大学出版社，2016.

[9] 陆岸，董召勤，钱春芸 . 高校学生工作法治化研究 [M]. 苏州：苏州大学出版社，2017.

[10] 胡睿 . 新时代大学生管理工作的探索与实践路径 [M]. 北京：中国水利水电出版社，2019.

[11] 李玲 . 高校学生管理工作创新研究 [M]. 长春：吉林人民出版社，2020.

[12] 尹晓敏 . 高等学校学生管理法治化研究 [M]. 杭州：浙江大学出版社，2008.

[13] 〔美〕詹姆斯·罗西瑙 . 没有政府的治理 [M]. 张胜军，刘小林，译 . 南昌：江西人民出版社，2001.

[14] 尹冬梅，丁力 . 中国当代高校学生组织研究 [M]. 北京：时事出版社，2008.

[15] 张世欣.思想政治教育接受规律论 [M].上海：华东师范大学出版社，2005.

[16] 盛冰.高等教育的治理：重构政府、高校、社会之间的关系 [J].高等教育研究，2003,24（2）：47-51.

[17] 陈亚惠.高校依法治校的内涵与有效实现 [J].山东社会科学，2015(12)：286-287.

[18] 程天乐，白琼.高校学生管理法治化问题的完善与思考 [J].法制博览，2020（27）：149-150.

[19] 孙晶.浅析高校学生管理的法治化困境 [J].文化创新比较研究,2019,3(29)：146-147.

[20] 廖康廷.依法治校背景下高校学生管理法治化问题研究 [J].现代农业研究，2019（05）：99-100.

[21] 裴纪平，李清.高校学生管理法治化现状分析 [J].职教通讯，2017（11）：62-64.

[22] 景李虎.新时代全面推进依法治校的思考与实践 [J].国家教育行政学院学报，2019（1）：30-34.

[23] 吴昊哲.基于依法治校的高校学生事务管理研究 [D].武汉：中国地质大学，2012.

[24] 龙献忠.从统治到治理：治理理论视野中的政府与大学关系研究 [D].武汉：华中科技大学，2005.